大展好書　好書大展
品嘗好書　冠群可期

大展好書　好書大展
品嘗好書　冠群可期

形意大成 拳系列 14

中華意拳奧秘

劉駿濤 著

大展出版社有限公司

與意拳恩師王永祥

與恩師李雨樵

與師父和意拳師兄弟們歡聚一堂

與意拳研究會會長周廣學師兄

與武漢體育學院張建軍老師、
上海體育學院王震教授、鄭靖先生等合影

被武協領導授予一級裁判員

與全國孫式太極拳冠軍黎小玲女士、
武當三豐自然門晏洪濤師兄

理論分享

社區義務授課

與三位好友合影
由左至右為福建中醫藥大學武術隊段老師、
湖南工業大學武術院教師暨世界大運會亞軍張麗莎、
吉林中醫藥大學武術隊權龍老師

與段廷進師弟交流

意拳雙推手

矛盾椿

托嬰椿

鷹椿

山頂伏虎樁

目 錄

我的意拳之路

其實我接觸意拳比我正式學習意拳的時間要早很多。我從小好武，八十年代每月的零用錢早餐錢基本除了買課外書之外，就是每到15號買新一期的《武林》雜誌。當時這個期刊影響很大，那時太極拳還沒有一統武林，各門各派在理論上打嘴仗，那叫一個精彩。透過各種罵人文章我知道了意拳，認識了武術大師王薌齋，但要是說瞭解就還差的遠。

離開警校，告別散打後，十九歲的我開始了內家拳的求學之路。那時隨恩師李雨樵學拳的人還不多，大概只有六七個師兄，因為我年紀最小，他們都有武術功底，所以訓練時都比較照顧我（就是欺負，好在後來大多報復了）。

其中有一位大師兄黃宏對我影響很大，當時他大概五十歲左右了，見識廣博，武藝高強，少年時是青島摔跤隊的，擅長摔跤和螳螂拳。他看我基本功不錯，可是聽不懂老師的高深拳理，就建議我先練粗糙的功夫，遠打快摔。一年後我技術運用成熟，摔起師兄們特別爽，這時就建議我重新隨老師學習細膩的太極拳聽黏功夫。這一過程讓我知道，沒有重就不知道輕，沒有整就沒有鬆。現在很多太極拳老師一上來就講鬆講化，典型的誤人。後來見我太極拳黏勁有進步了，又引薦我拜在李老師門下，成了正式的

太極拳弟子，這些對他來說可能是小事，但他對我來說絕對是練拳路上的貴人。貴人還沒停止開掛，他有一次給我推薦了一篇文章，這篇文章叫《意拳正軌》。

這絕對是另一個拳學世界，可是我當時只能看到點窗口透出的光，門在哪還找不到。

我那幾年在深圳太極拳界還算有點名氣，因為能推能打，師父脾氣好，有人告狀也不太管我（應該是**不想理我**），整天去挑戰各地來深圳教拳的老師們，那時候的教拳老師還是普遍要臉的，打不過就會回家。

有一次在布吉趕走了位形意拳老師，被他的學生們賴上了，可憐才二十幾歲的我被迫做了教拳老師。然而我嚮往意拳的心卻沒有被他們困住，三年後我終於在一位拳友的介紹下，不遠千里登門拜訪北京意拳的領軍人物，京城王氏三傑中的王永祥老師。

意拳歷史上有「周子炎三敗入王門」的說法。我見王老師的過程也差不多。雖然久聞意拳大名，但我畢竟沒有真正見識過，加上這幾年比試基本沒輸過，不免有些驕傲。到老師的拳場竟然提出和老師試試手，因為是第一次見面，老師還是很客氣的（**後來經常看到他和人比武時把人打的頭破血流，才知道他就不是個客氣的人**），只是輕輕彈了我一下。就這？回去的路上我和朋友說：「應該沒啥功夫，明早再試試，不行我就回去了。」

第二天一早我就去了，這時他的本性就暴露出來了，打的我脊椎都感覺錯位了。當天晚上在拳友的帶領下，登門拜訪，衷心提出拜師學藝，老師回答的很乾脆，學藝可

以拜師沒門。並且在第二天，也就是我學習意拳的第一天，就叫來一個練了幾年散打和意拳的師兄，讓我們先打一場。我後來的師父呀，做人要厚道，你不知道這樣打跑多少學生了。我和周廣學師兄打了幾下，他打了我胸口一拳，我對天發誓，我絕對是讓著他了（**他應該不這樣認為**），我怕師父不高興親自來打我。

　　從此後，我天天賴在師父家，這樣練習了六個月後，師父越來越喜歡我，每次吃飯都讓我坐他旁邊（**可能是因為能陪他喝酒**），分別的前一天又喝酒時，他對我說：「我們的感情遠比普通的師生關係要好」。我心領神會，當即拜師，從此成為意拳第四代傳人。

　　師父在我的拜師貼上寫的贈言是「遵紀守法、堅持操守」，這可比我收徒弟時，我太太強制讓我在拜師貼寫上的「家庭和睦、幸福生活」高明多了。

　　後來又隨師父學習過幾次，但都時間比較短，加起來也沒有三個月。畢竟遠隔千里，近年見面越來越少，剛才剛好看到拳友發來的意拳高峰論談，鏡頭中的師父，年過八十的老人家仍然元氣充足、神采奕奕。看他談起拳來還是那麼嚴肅認真，像要隨時打人的狀態，回想起往事心酸中帶著開心，願師父健康長壽，功力永存！

　　我認知的意拳，無論是養生還是防身，都是非常實用的健身功夫。意拳訓練體系中的站樁和試力，是古代養生和技擊術的完美結合，它的養生價值，種種神奇的功效，早已在各種實踐體驗中被證實，這裡我就不多捧了，就說一句好了，「它對人體的影響和改變絕對是本質上的」。

　　疫情影響下，空餘時間變多，得以靜下心來總結所學的心得體會，如果您有機會看到這本書，並對您有所幫助，是會讓我感到欣慰的。健康身心對抗疾病，讓疫情離我們遠去，是我們共同的心願！

　　感謝陳立宜先生對我拳學理論的意見和啟發，疫情期間不斷對我的文章進行打賞，其實就是怕疫情影響我的生活，找個藉口幫忙，別以為我不知道。感謝詹志輝老師的哲學理論，讓我能看到不一樣的世界。感謝所有隨我練習的弟子和學生們，其實在你們身上我學到的更多。當然最應該感謝的是我的幾位恩師和老師，在您們或嚴厲或親切的教導下，我才能對拳學小有所成。

　　大展出版社的朋友為本書付梓提供了大量幫助，在此一併感謝！如對本書拳理技術有任何意見和指導，請與我聯繫，電話13662659012 微信同號！

2022年5月 深夜

序二

我的教學方法論

孟子曰：「君子有三樂，而王天下不與存焉。父母俱存，兄弟無故，一樂也；仰不愧於天，俯不怍於人，二樂也；得天下英才而教育之，三樂也。」

翻譯過來就是一樂家庭平安，二樂心地坦然，三樂教書育人。我父母身體康健，妻子和睦，兒女雙全，雖無兄弟姐妹，但志同者甚多，談拳論道，可謂人生無憾。平日喜山樂水，不敢為天下先，亦為樂事。每見拳友學有所成、學有所用實為人生大樂。因教學相長，固頗有經驗，為求大樂，分享一二。

近年雖多讀詹志輝老師的文章並經常聽其教誨，但我對方法論仍可以說是一竅不通。之所以借用這個名字，是因為我在尋師訪友的過程中經常發現很多老師功夫很好，但就是不會教學生，刻板、教條、固執是武術老師們在教學中經常出現的問題。

批發複印式教學現在還是內家拳老師們的授課時的主要手段。「你必須這樣」「看我怎麼做的」等話語是常掛在教練嘴上的。對初學者而言這固然是正確的，但一兩年下來還在糾結於外形是否一致，這就失去了內家拳的精髓。前幾天看了資深教師、心理學專家方慶老師關於教學方法論的研究文章和他幾年前寫的《從課程視角看太極之難》一文，使我受到啟發，結合二十年的教拳經驗，寫下

此文，借用方法論的名稱來發現問題、認識問題以求解決問題。

韓愈給老師下了一個定義：「師者，所以傳道受業解惑也。」這個定義現在還被師範教材所引用。在我看來這句話是有問題的，首先傳道應該是前人經驗的總結，是經過驗證的事實，是本來就存在的道理，老師的任務就是引導學生走上本來就存在的正確之路。

所以引導而不是傳道，傳道容易誤認為自己一切都是對的，而如果認為自己就一定正確，那麼就會不斷否定學生，這就是自恃、自是。教練一旦開始以自己的動作規範來作為判斷對錯的標準而不是以內家拳的道理，那還談什麼受業解惑？

先賢老子曾把老師分為四個層次，其實就是面對教學問題時解決問題的方法。我們教授內家拳的，也按這個層次來探討教拳時遇到的問題和解決方法。

侮之，欺騙式教學。本身就沒練過多長時間，半瓶水的功夫，還不喜歡教拳，也不耐煩講解，就是為了收錢賺學費。天長日久，學生也就明白了，不但不和你學了，還會互相說你壞話，背後罵你，然後到處宣傳你不是個好老師。學生覺得被忽悠了，名聲也就壞了，要嘛改行，要嘛換個地，繼續忽悠。公園裡這樣的太極拳老師可多了，你會發現到最後，這樣的老師和學員都是不歡而散。這種欺騙式教學是最可怕的，基本上無解，因為內家拳初學者沒有分辨老師的能力，受騙後很久才能反應過來。

畏之，威嚇式、否定式教學。本事不小，脾氣更大，

教徒弟就是罵。這還算好的，還有打人的。我以前知道有位前輩功夫很好，就介紹了個香港拳友去學習，後來拳友和我說，交了學費，功夫還沒學到多少，動作稍有不對就會挨打挨罵，不學了。老師嚴厲要求是好事，但讓學生畏懼，有問題不敢交流，避之不及，這也不是為師之道。

這種老師常常固執、機械式教學，端著老師的架子，以自己為標準，不能讓學生出一點偏差。而且常出現內家拳教學中最大的問題，就是複印機式教學，必須和書本上一樣，必須和名家打的一樣，不一樣怎麼辦？繼續改，改到和我一樣才行。這就可笑了，他不是你，身高胖瘦都不一樣，人家都符合拳理了，你還讓他改成什麼樣？什麼叫因材施教？前段時間教集體課，動作上有所改動，有老師認為我打的不對，理由是和教材上尤其是和名家運動員們表演的不同。

這就奇怪了，判斷的標準應該是拳理和實踐，而不是和誰不同，因為名家不代表正確。就像詹老師書中說的，如果認為大牌子的東西一定是乾淨衛生的，這就是迷信而不是標準。

我在教學中解決這個問題的方法就是鼓勵、贊美式教學，輕易不否定學員，只要符合拳理的，就大膽嘗試，小心求證。比如某一位朋友就是天賦異稟，用創造性思維來練拳，練拳五年後我常常跟不上他的想法，不但他學有所成，我也因為教學相長，收穫良多。

親而譽之，親切式教學。對學生特別親，技術也好，教學也認真，學生也到處稱贊替他宣傳。師徒親近到去師

父家和回自己家沒什麼兩樣。這樣的老師應該算最好的了吧？老子認為還不算，為什麼呢？這裡有一個問題，就是親則慢，學生有時會聽不進去，會覺得囉嗦很煩人，就像叛逆期的孩子對父母的態度。

要想解決以上所有的問題，老子給出瞭解決方法，那就是秉持自然之道，也就是因人施教，甚至是不言而教，只負責引導，使學員不知不覺就有功夫上身了。然後功成身退，讓學員覺得，可以練成都是自己用功有天賦，是自然而然的事。學員越相信道理的正確，離道就越近。明道而不知師，讓學生上道，才是真正的好老師。

老子說：「信不足焉，有不信焉。」人言為信，老師應秉持自然天道，天道無言，所以老師應無言而教。方老師在文章中提到要利用工具和技術，我覺得更重要的是要利用人，也就是透過判斷對手和同伴來檢驗自己的感覺是否正確，不用事事聽老師的，人的思想和感覺才是最好的工具。

老子還提出「悠兮其貴言」，就是要聽老師的話。這裡和上文好像互相矛盾，容易誤解，多解釋幾句。不言而教的意思，不是讓老師們不說話，是讓他們不說廢話，不說讓學生產生異議的話。有些老師往往教拳過於認真，不停地指導，這很容易矯枉過正，對初學者而言會產生畏難情緒，聽不懂會讓人無所適從，所謂過猶不及便是這個道理。

此文絕無隱射哪位老師的意思，而是存此自勉，如此而已！

第一章

意拳概述

🏃 第一節　王薌齋生平及創拳經歷

　　王薌齋原名尼寶，又名向齋，字宇僧，河北省深縣人。為王老樹碑的話，那他就是我國近代了不起的實戰拳法大師（有眾多戰例證明），卓越的武術改革家（這時公認的，讓拳道去繁就簡回歸淳樸自然的技擊本能）和養生功法傳播者（晚年一直在中醫院傳播站樁防治疾病），他為繼承和發展中華武術作出了巨大的貢獻，是武術史上承先啟後，了不起的人物（我自己這麼認為的，因為我讀他文章時經常發出「好厲害」的聲音）。

　　王先生幼年體弱，據說患有哮喘病。其父與鄰村形意拳大家郭雲深相識，便將先生送去隨郭先生學拳，以療養疾病、強健身體。郭雲深為形意拳巨匠，號稱「半步崩拳打天下」。郭先生年事已高，獨子去世，王薌齋這時承歡膝下，便深得郭老喜愛，得以傾囊相授，加之王聰穎過人練功刻苦，數年後，不僅身體由弱轉強，而且武功也深得形意拳精髓。

　　王老晚年時曾說起少年時的兩次動武：

　　一是保定府有一鏢局，總鏢頭曾學於郭老，王先生13歲時在鏢局門口動了兵器架子上的長桿，鏢行規矩動架子上的兵器就是挑戰，鏢師上前制止，被先生隨手丟出，摔倒在地。

　　二是16歲時，隨父親往綏遠經商，遇劫路者十幾人，王薌齋將其擊散。

王先生少年習武經歷，近年多有爭議，因當時郭老弟子大多都成名武林了，這時添一個小師弟與理不合。於是有人考證出王薌齋其實是隨姐夫李豹學拳（李豹是郭老弟子），後經李豹引薦，王薌齋在郭老墳前拜師，是郭老的墳頭徒弟（這也符合武林規矩）。不管怎麼說，我認為郭雲深教導過王先生是肯定的。郭雲深老來喪子，對少年時的王薌齋喜愛有加也是正常的事。至於拜沒拜師，當事人都已作古，沒必要再多爭議。

有人說王薌齋成年後奉師遺命出門遠遊，驗證所學，這個就是亂講了。

事實是王先生在22歲時染上賭習，被母親趕出家門，只好去北京投軍謀生。後娶了軍中將領清末武狀元吳封君的女兒吳淑琴為妻，吳精詩詞書畫，先生從學書法詩詞，對日後意拳理論的整理記述獲益良多。

據說在京期間，先生曾赴天津擊敗過天津國術館教務處長，武術名家薛顛。這個記錄多出自意拳弟子，不見第三方的記載，孤證可存疑。但這時王先生確實是名震北平，1913年就被北洋政府陸軍部聘為武技教研所教務長，之後追隨將領徐樹錚，研習以武藝訓練殺敵強軍。

在此期間與武術名家、太極五行捶的創始人李瑞東先生教技，李年老不敵，即返武清老家。這個應該是可信的，畢竟是發生在徐樹錚的晚宴上，證人頗多。當時李瑞東號稱「鼻子李」早已成名，但已經62歲，王先生初出茅廬，未及而立，正是當打之年。

這個事情王先生晚年也頗為後悔，當年不該年輕氣

盛，毀人飯碗，後來對意拳弟子立下門規，見練習太極五行捶者，禮讓為先。山東名武師周子炎，原想入武技研習所任教，卻不服王先生，三次登門較量，每次都被打敗，第三次心悅誠服拜在先生門下。

這就是當時北平武術界轟動一時的「王薌齋氣走鼻子李，周子炎三敗入王門」的由來。

後來王先生追隨徐樹錚南行，一路尋師訪友，見識各家之所長。先後拜會了八卦名家劉鳳春，太極名家楊少侯、楊澄甫，形意名家張占魁，嵩山少林寺行林禪師，江南第一妙手解鐵夫，淮南心意門傳人黃慕樵，武當門門長高振東，福建南少林鶴拳方恰莊等。

這裡面重點說說行林禪師、解鐵夫。

行林禪師據說是將少林立禪傳於先生，是後來意拳養生樁的前身，這個說法，不知你信不信，反正我是不信的。養生樁和少林派的樁功理念完全不同，其更貼近《道德經》《黃帝內經》等傳統養生理論。

解鐵夫號稱「江南第一妙手」，是王薌齋公開承認戰勝過他的人。記錄中王先生徒手、器械均是十戰十北，後留下先生在衡陽居住一年，研習武藝、成為忘年之交，之後王先生武藝大進，為意拳的創立打下了堅實的基礎。這個事太富有傳奇性了，我查過很多資料，除了意拳門人寫的書裡記述了此事，解鐵夫其人不見任何記錄和流傳，如此人物名聲卻如此不顯，顯然不合情理。

在這一點上，我同意劉正教授的觀點，「解鐵夫」在歷史上並沒有其人，而是謝姐夫的諧音，40年以後出於開

創意拳門派的需要，隱去了隨李豹學拳的一段事跡，便杜撰出隨解鐵夫練拳後功夫大進的事情，以感謝姐夫傳藝，不忘根本，這完全符合老一輩武人的行事風格。至於後來武林中流傳的孫存周輕取解鐵夫，完全不值一辯，不過是為孫祿堂敗給趙道新一事遮擋而已。王薌齋先生隨徐樹錚到了福建，遇到了方怡莊、金紹峰等鶴拳名家，交流技藝，對先生日後創立意拳健舞奠定了基礎。

王薌齋是郭雲深弟子。當時形意拳界是不承認的，後面有一次武林盛會，才得到了幾位形意拳名家的認可和支持、這就是著名的「杭州遊藝大會」，全國運動會武術比賽。1928年王薌齋應中央國術館張之江上將、李景林上將之邀，參加武術大會擔任裁判，並在會上表演了游龍、驚蛇、揮浪、白鶴健舞絕技，使與會者大開眼界，會後應師兄錢硯堂之邀赴上海相見。

錢先生是上海形意拳名家，郭雲深的弟子，顯然是想看看這個小師弟王薌齋是不是老師的傳人。

果然到滬後，設宴接風，席間請與見師弟身手，王先生推辭不敢，錢堅請試之，王先生只好笑稱：「小弟請與師兄坐於後面沙發。」錢笑允之。錢以崩拳進擊，先生揮掌接按，將錢輕彈於指定的沙發上。錢先生起身握住王薌齋的手，流淚道：「不想今日復見老師風采，老師的東西有人傳下去了。」

第二天遍請上海武林名家，設宴為先生揚名。席間拳學大師孫祿堂在座，眾人起哄讓孫與先生做示範表演，時趙道新先生起身，挑戰孫先生，二人搭手後，孫年老不

支。趙道新因另有師承，不便拜入王先生門下，王先生便
將他收為義子，也公認為意拳的弟子。

當時張長信先生在座，對先生佩服不已，請錢硯堂先
生作證，拜在先生門下。此事之後，錢硯堂先生在滬報撰
文賦詩「夫子之牆高千仞，君既入室且登堂」，介紹先生
留在上海教授意拳。在滬期間，擊敗匈牙利籍世界輕量級
拳擊冠軍英格，從此威名大振。趙道新戰勝孫老，有時間
有地點有人證，孫門弟子萬難狡辯，後來流傳出孫存周輕
取解鐵夫也就不難理解了。

王先生在滬期間，培養的門人弟子眾多，如尤彭熙
（晚年在美國傳拳，號稱神拳尤彭熙，發展出意拳空勁分
支。）高振東（中央國術館武當門教務長），卜恩富（全
國摔跤冠軍），張長信（上海公開賽拳擊冠軍），韓樵
（先生門下四大金剛之一），趙道新（全國運動會武術散
手冠軍）等。

1928年秋，王薌齋深感當時形意拳弟子重形不重意，
為去偽存真，創建意拳社，在上海正式教學意拳，並寫下
「意拳正軌」一文，作為理論基礎，從此意拳之名出現在
中華武術史上，並影響了幾代拳家。

1937年（注意年份），應張壁（注意人物）、齊振林
先生之邀，前往北平（注意地點）授拳。在四存學會體育
班授課時，當地著名拳師洪連順前往試技，敗北後遂率眾
弟子一同拜在王薌齋門下學藝。這裡面有很多都是後來意
拳的傑出代表，如李永宗等，其中姚宗勳是意拳第二代的
指定繼承人，建國後號稱「無敵手」，為意拳的發展做出

了重大的貢獻，王薌齋賜名繼齋，可以說是他最滿意的弟子。

1940年，王薌齋先生在報端發表文章，提出創新拳道思想，證以體認，去其弊端，提出：「拳道之大，實為民族精神之需要，學術之國本，人生哲學之基礎，社會教育之命脈，其使命在修正人心，抒發感情，改造生理，發揮良能，使學者神明體鍵而利國利群，固不專注技擊一端也。」

同年，張壁先生在北平實報刊文「大成拳的命名」，文中提出此拳已達大成之境，當名大成拳。張壁是當時的北平市長，王薌齋推脫不得，遂以大成拳稱之。所以大成不是王薌齋自己起的名字，而意拳比大成拳早了近二十年。先生後來想改回意拳，常說：「拳本服膺，何來大成？」但社會上多以大成拳稱謂，收回不易了。現在大成拳鬧著要和意拳分家，那就是另一回事了。

期間擊敗了日本拳手柔道五段澤井建一、奧運會柔道選手八田一郎等人，令侵略者不敢小看中華功夫，民間正氣為之一振。

1945年，在太廟（今工人文化宮）成立中國拳學研究會，王薌齋先生親任會長，當時主要會員有王少蘭、秦重三、胡耀貞、陳海亭、孫文青、李見宇、于永年等弟子。以站樁為基礎功法，外界謠傳王會定身術，把學生都定住了，也有人認為他們就是吃飽了撐的。

後來，秦重三及胡耀貞成了著名的氣功家，李見宇、于永年都成了養生樁功的傑出武術家。他們的基本修煉內

容仍是意拳站樁。

1949年，北京解放後，王薌齋對外不再傳授技擊功法，多在中山公園等處傳授養生樁。1955年，辭去國家體委武術組組長的王薌齋先生，廣泛地學習研究中西醫醫學理論，在弟子們的幫助下，開展站樁對慢性疾病的防治工作。這時隨先生學習站樁的患者非常多，但從沒有發生不良反應和副作用。

1958年應北京中醫研究院之邀，王薌齋先生在廣安門醫院開展站樁功治療各種慢性疾病的工作，使千千萬萬個患者得到明顯的療效。1961年先生不顧老邁，應河北衛生廳邀請，赴保定中醫院教授養生樁治療各種慢性疾病。從此之後，站樁功流傳於全國。

第二節　拳道意為真──意拳主要特點

如果說要評選上世紀對武術核心理論貢獻最大的武術家，非王薌齋先生莫屬。

他提出「矛盾相互對立統一」的均整理論，是對傳統中國武術核心功效的總結和提煉。他的訓練功法被各門派的武術同人所借鑒。雖然他的戰績有可能被弟子門人有所誇大，人品被嫉能者所抹黑，但無論誰都難以否認他在武術技擊和養生功效上所作出的傑出貢獻。

這一本書我將系統介紹王薌齋先生留下來的，對太極拳、形意拳、八卦掌三大內家拳留其精華、去其繁瑣，大道至簡；養生方面對人體從本質進行改變；技擊上從自然

本能入手，不再止停留於臆想招術，而是將實戰訓練貫穿始終的傑出拳種——意拳。

說了那麼多廢話，意拳真的那麼好嗎？真的！至於好在哪裡就要聽我慢慢道來了。

意拳是王薌齋先生上世紀三十年代提出的拳學思想，因見當時習練形意拳者，重形不重意，乃提出去形留意的訓練方法。自稱意拳是他認為有助於恢復拳學的本來面目，提醒學者不要因形廢意，應該「不求形相似，只求神意足」而不是創立一個新的拳種。

但後來有當時的北平市長張壁在報上刊登《大成拳的命名》，文中建議：「此拳已入化境，當名大成。」這就是意拳又名大成拳的由來。

意拳認為學拳的目的應首重健康，有健康方能入技擊。健康是一切活動的基礎。意拳站樁和試力功法，對人體內在機能的改造，絕對是本質上的修復，其中的玄妙「與老莊佛釋，斑馬古文章，右軍鐘張字，大李王維畫，玄妙頗相似」。

意拳分為七大功法，由內而外，層層遞進，既簡單務實也不急於求成。王先生認為：「拳本無法，有法也空，一法不立，無法不容。」所以意拳沒有人為的套路，而以恢復先天自然本能入手，不執著己身，融入自然的修煉為主。所謂「離開己身，無物可求，執著己身，永無是處。」

「大動不如小動，小動不如不動，不動之動，乃生生不息之動。」靜中求動正是意拳養生和技擊入門的核心基

礎，所以說：「欲知拳真髓，首由站樁起」。

第三節　主要傳人及歷史上的一些爭議

意拳在王薌齋先生創拳之後，傑出的弟子眾多，比如早期的「津門十一傑」。

其中趙道新除戰勝過孫祿堂外，在擔任稅務學校武術教師期間還戰勝過宋子文的保鏢、挪威拳擊手安德森，留下的專著《道新論拳》對現代武林仍有重要影響。卜恩富人稱「神跤卜六」是國家摔跤隊的奠基人之一，在抗日時期多次擊敗日本柔道選手，揚我國威。

上海時期教拳時期，先生意拳理論已經成熟，並委託朋友在香港正式出版了意拳指導性文章《意拳正軌》。所以這時期從學的意拳弟子更是名家輩出，尤彭熙、高振東、張長信、張長義、韓樵、朱國禎、王致和、張恩桐等都是後來武術界的名師。

王先生定居北京後可以說桃李滿天下，其中姚宗勳先生天資過人，後來居上，是意拳第二代的領軍人物，很多三代傑出的傳人都出自他的門下，如姚承光、姚承榮、薄家聰、白金甲、崔瑞斌、霍震寰等。

我師爺王斌魁也是這時開始追隨先生的，同時期的二代傳人還有李見宇、李永宗、于永年、楊紹更、朱繞亭、竇世明、齊執度、趙華航、常志朗、張中、孫闆泉、孫聞青、秘靜克、李志良等。我們看這個名單就發現，從學者上至高官巨富，下至販夫走卒，不分政黨，不論政見（一

起學拳的既有國民政府高官也有共產黨將領），均為愛好國術走到一起，也說明瞭意拳傳人的有教無類，只求弘揚國術的精神。

二代傳人們身處的社會環境中注定是波瀾壯闊的，所以留下的傳奇和他們的戰績也是最多的，其中姚宗勳先生帶領師弟們血戰南城四霸天、西單三十六友、一百單八將團伙一戰最為激烈，意拳在市井中一戰成名（當時戰線波及很大範圍很廣，意拳弟子們都要以寡敵眾、獨當一面，惡霸們雖然被徹底打服，意拳弟子也多有受傷），卻也在民間留下了「流氓拳」的戲稱（本意是打流氓的拳），但懲治地痞流氓，勇於出手正是現代武者缺少的精神。

意拳三代傳人弟子中也是名家輩出，比如我師父王永祥、師叔王永利、崔有成等等，這裡不再例舉。崔瑞斌先生80年代曾隨姚宗勳先生出手懲治污蔑意拳的狂徒，有姚門第一打手之稱，現在雖年事已高，出手仍不減當年，而且重民族氣節，拒絕日本人韓國人學拳，正是我輩楷模。

現在是第四代開始走上前台高舉大旗的時候，為免爭議就不多做介紹了。

意拳近代為人記恨詬病，不敢針對其拳理功夫，而是多污其為「漢奸拳」。理由主要是三點：

一是王薌齋1937年前往北京教拳，1937年正是北平淪陷的時候，這時去北平令人存疑。

二是大成拳名字的由來。

三是收日本憲兵澤井健一為徒。我也曾查找史料，走訪前輩，在此嘗試為先輩一辯。

　　1935年某銀行家知道王薌齋武功過人，所向披靡，以重金禮聘先生組織武術隊，周遊各國，揚威異域，以掃「東亞病夫」之恥。先生即帶卜恩富、張恩桐、韓樵三弟子回河北深縣老家閉門訓練。後來因時局動盪，此事作罷。也就是說，這期間王薌齋已經不在上海教拳了，以教拳為業的人都知道，兩年沒有收入意味著什麼？何況是那個年代，不是喊喊口號就能糊口的。正好原來的北洋高官、王先生的舊識齊振林先生邀請他去北平定居，以便教導他的公子齊執度。王薌齋到北平後任教於四存學會，除了教導學生，就是閉門著書。

　　當時日本東京舉行大東亞武術競賽透過偽政府新民會邀請王薌齋先生出席，先生托病堅辭，只表示歡迎日本武者來北平交流技藝。汪精衛政府的武術代表團到日本，日本方面認為沒有王薌齋參加，不能代表中國武術。於是很多日本武道高手到中國比試，如八田、宇作美、日野等。這件事我問過師父，他說王薌齋打過那麼多日本人，還說他是漢奸？換成別人動手都不一定敢。

　　1939年因為學生過多，原來四存學會地方有限，便搬到東四弓弦衚衕居住，並於《實報》發表聲明，歡迎武林人士前往弓弦衚衕以武會友，共商武術發揚大計。當時來訪人多，由周子炎、洪連順、韓樵、姚宗勳四弟子分別接待。用現在的眼光看，就是一個廣告，通知大家我們練得東西不一樣，宣傳一下意拳，宣傳一下新地點。

　　然而這樣一來確實轟動了武術界，不但武術界，政界也來摻和，當時的北平高官張璧在報上發表文章，認為此

拳集我國拳術大成，當名大成拳。王先生以友人贈名，盛
情難卻，受之有愧，卻之不恭，未曾堅拒。王先生常說：
「拳無止境何來大成之理？」後來在書中也寫到「欲卻之
而不能也。」我懷疑是不敢，惹惱了當權的高官，您這是
不想混了。這就是意拳又稱大成拳的由來。

　　問題出在張壁身上，當時這位國民黨元老可是偽政府
的高官，所以說漢奸起名你還不是漢奸拳嗎？王薌齋與張
壁為友必然深知其為人，這可很難說清了。

　　趕緊查張壁是不是漢奸，張壁公開身份是汪偽政府的
公用管理總局局長，卻在1943年被國民政府軍事委員會委
任為華北軍事特派員，也就是說他是國民政府的地下工作
者。1944年張壁被日本憲兵隊逮捕，同時被捕的還有他的
秘書、共產黨員梁以俅、郝貽謀。他受到嚴刑拷打，但沒
有吐露國民黨和共產黨的任何訊息。

　　抗戰勝利後國民黨以漢奸嫌疑逮捕了張壁，是因為發
現北平軍調處的共產黨代表杜文敏是張壁的親侄。張壁案
查了兩年，也查無實據，並查出了早期第一戰區對他的委
任。他去世後政府成立了治喪委員會，成員包括上官雲
相、張蔭梧等數十位軍政要員，及軍統北平站、天津站的
站長，如果是漢奸這些人會參加治喪委員會嗎？

　　再來看看建國後共產黨對他的評價：「鑒於張壁先生
多年對共產黨的幫助，黨中央和邊區非常重視張壁的爭取
工作，北方局先後派遣張文松、黃甘英等回北京，利用張
壁的青幫組織安清道義總會做地下工作。」

　　張壁的親屬和周邊的工作人員幾乎都是共產黨員，他

的親姪女張潔清很早就被委派到他身邊工作，後來成為中共元老彭真的夫人，張壁的親妹妹是早期的共產黨員張秀岩（後任中共中央監察委員），她回憶在黨的委派下多次得到張壁的幫助和掩護，他還參與了營救中共冀南區委宣傳部長賈庭修的行動。

我還看到好多史料，不一一列舉了，結論是史學家做出的，所以張壁不是漢奸，大成拳不是漢奸起名的。

關於收澤井健一為徒的事情，前輩多有記載，我就不詳細說了。大概是王薌齋在報上說西洋拳擊、東洋柔術雖有獨到之處，然非整體之力。惹惱了澤井，他當時是柔道五段、劍道三段，便到先生家挑戰。王薌齋以王先生不在家為由婉拒，後來無奈比試，先劍後拳，澤井被揍後提出拜師學藝，先生不好堅拒，便提出如澤井能站樁達到要求，可以收他為徒。澤井便在先生門口站了一夜，先生無奈只有收徒。後來澤井在書中回憶，當時全身已經失去知覺了，只憑毅力堅持。

這件事我感覺王薌齋好無辜，一個殺人不眨眼的日本憲兵站在你門口一夜，尤其是剛被你揍完，換了誰也肝顫。澤井回國後開創了中國實戰拳法太氣道，屬於意拳的分支，在日本被稱為「拳聖」。

我看過一些太氣道的演練和記錄，老實說王薌齋在教他時應該還是有所保留的，一些核心的東西如爭力等，太氣道並沒有太多涉及和保留。七八十年代曾有同門前往交流切磋，發現他們練得不值一哂！

綜上所述，讀者可自行判斷。

　　意拳另一個疑問是八十年代的大成拳、意拳之爭，以及後來的陶然亭比武事件（這事我問過師父王永祥，師父語焉不詳不願多談，後來得見在場的施景望師伯才瞭解始末，同門相殘，怪不得師父不願多說）。

　　現在還有一些人自認大成拳第三代掌門，堅決與意拳劃清界限，這是愚蠢狹隘還是有其他目的就不得而知了，作為意拳（大成拳）弟子，我想不論稱為意拳還是大成拳，都是有責任和義務協力同心將王薌齋祖師的拳學發揚和傳承下去的。

第二章

椿功述要

第一節　功成自樁始

　　站樁的健身養生和技擊的功效，現在已經被大多數練功修練的人士所認可，但真正把站樁作為主要練功手段，並融匯貫通整個拳理的只有意拳。

　　現在太極拳也講站樁，這很有意思，因為太極拳是動中求靜，在緩慢的運動中求均整。太極拳自從創始以來，就是沒有樁的。因為違反了太極拳陰陽轉換的基本拳理。前幾天某太極拳大師在深圳教拳，也開始教樁調樁，這本來沒什麼，但您要把您是從哪裡學來的還是自己悟出來的講清楚吧？說成是你家祖傳的就不好了。別人不知道你是借鑒，還以為你偷來的呢。還有您給人調的樁，是為了讓人舒服不是為了拍照。

　　意拳站樁的來歷據說是出自少林的立禪，這應該是誤傳。站樁的理念是來自真正傳統的養生文化。比如說《道德經》中的「抱一無離」，就是告訴大家，時刻都要勻整，才能使「營魄」也就是精神和肉體合而為一，天人合一是上古養生修煉的最高境界，這也是站樁能產生的最大功效。

　　意拳站樁的理論我認為是來自《黃帝內經》中的「上古天真論」一文，黃帝把古時長壽健康修行的人分為四種，真人、至人、聖人和賢人。

　　簡單來說就是賢人能遵守天地四季運行的法則進行保養，比如春天養肝，冬天補腎，這樣也可以延長壽命，身

體健康。

聖人要求高一點了，每天精神心情都要愉悅，以悠然自得為已功，不能生氣，身體不能過於勞累，精神不能耗散，這樣也可以活到一百多歲。也就是精神心情要重要於進補。（要想父母親人身體好，很簡單少惹他們生氣就好了，比買補藥強。很多練習太極拳的老師也愛生氣，這是因為沒練到中和之氣，無法調節陰陽二氣）。

再高的就是至人，至人的要求就是遵從道德，並掌握道德的養生方法，這裡的道德不是現代人通常理解的道德啊，而是《道德經》中的道德本意，這樣才能根據陰陽、四時的變化調整修煉方法，悠然於天地之間。最高的境界是真人，原文是這麼說的：「黃帝曰：余聞上古有真人者，提挈天地，把握陰陽，呼吸精氣，獨立守神，肌肉若一，故能壽敝天地，無有終時，此其道生。」真人修煉的五個條件就是意拳站椿的五個要求。

提擎天地：

與天地相合。在站椿時要與外在一切自然相融合，自身成為自然的一部分，內在小天地與外在大天地和諧統一，無其大、無其小。自身即宇宙，宇宙即自身。

把握陰陽：

外界陰陽消長的規律和內在陰陽二氣變化的規律完全相合。在站椿時，能按自身需要進行陰陽二氣的調整，隨自然的變化而變化。

呼吸精氣：

吐故納新，保有精氣。站椿時要求腹式呼吸，補先天

元氣。

獨立守神：

精神內守，曠古獨立。站樁時要達到頂天立地，天地間只有自身最大也最小，外在干擾，而我神意不變。

肌肉若一：

靜和動的一致不變。意拳站樁不是死樁而是活樁。不動即動，靜中求動，周身一體。極靜中。求來的勻整的運動。

站樁到一定階段，以後的日常都可以遵照這個法則，那時行走坐臥具是修煉，也就無所謂站不站樁了。

站到有時需無樁，練到無樁處處樁。

第二節　談樁論渾圓

近幾年來，站樁的練功方法為越來越多的人所認識，站樁出功夫已經是內家拳術習練者的共識。可是大多練習者一上來就說自己站的是渾圓樁，但何謂渾圓卻說不上來。只是不斷加時間硬站，一定要用站多久來說明自己的功夫，卻不知這就是所謂的「站死樁」，長久這樣練習不但無益，反而有害。

尤其很多老師一上來就說自己是無極樁、渾圓樁。要想明辨這些樁首先要理解無極或者渾圓的概念。

無極一詞來源於《道德經》，「知其白，守其黑，為天下式。為天下式，常德不忒，復歸於無極」。天下式，天下的規範、定式。忒，老子的本意是指陰陽。這句話您

也可以理解為椿要鋒芒內斂，回歸天地初始的狀態。

也就是無極是在知道陰陽運轉的規律後，在極靜中求得一陽來復。所以無極椿是有很多條件和要求的，初學的人是根本達不到要求的，不是您往那一站就說是無極椿了。有的太極拳老師說是混元，混元是道教中人成仙的一個劫難，度過了就是大羅金仙了。

所謂混元椿是求先天混沌未分時的元氣，實際上也是無極椿。這和太極拳的理論有相悖的地方，有心意混元太極拳的老師可能有不同意見，我只是提醒大家，馮老師為什麼要在前面加上心意二字。一家之言僅供參考，如要爭論恕不奉陪。

渾圓，是很圓的意思。渾圓椿要求的是衛氣飽滿均勻，無凹凸無斷續。就像樹椿，對應各面的壓力而沒有改變，就像鑲嵌在空氣自然當中。

所以，渾圓椿的要求是首先要做到元氣充盈，氣貫帶脈、六面爭力，勻整統一。

如果不達到這兩個要求，是不能一上來就這麼站的。會造成氣結於胸，輕則浪費時間久站傷骨，重則氣滯血凝，疾病上身。

站椿強身還請大家按以上方法分辨一下。

🏃 第三節　養生椿功

上一篇講到站椿需從養生椿入手，先求氣順，由鬆入靜，氣實丹腹，方可再求渾圓。今天就來講一下養生椿的

具體練法。

養生樁顧名思義是調養生命之意。其功是形體不動，以神意誘導來放鬆精神，而使練習者達到氣血通達、祛病健身的效果。

站立間架

兩腿開立，與肩同寬或比肩略寬，早晨練功時盡可能面向東方，在前方遠處選一目的物為目標，平視目標物，頭正項直、下顎微收、兩膝微屈、含胸拔背、命門向後填滿，溜臀，五指自然分開，兩手臂環形抱於腹或胸前，高低可自由調節。

初學者可放低處，以呼吸順暢，胸肩不緊為準。手掌心向內（放低在腹部前者，手掌心向上），兩肩兩肘放鬆

養生樁

下墜，兩大臂之間有相合之意，大小臂之間關節角度應略大於90度。

腋下含虛，如夾兩小球。重心在前腳掌與腳跟之間，以大小腿放鬆平穩為宜。

外在感應

站椿時需選空曠氣息流通之處，周身放鬆，與外界自然呼應，宇宙天地間，只有自身，無限放大，又不執著自身。既要意在身外感應外界的變化，應變化而微動。又要收視而聽內，外界自然寂靜，無感無應，神意無牽無掛。

與外在要產生和諧，與萬物相容，天人合一之謂也，有不舒適處要即刻調整，以放鬆自然舒適為準。

內在意念

呼吸以深長、細慢為宜，以腹式呼吸進行丹田內調，但不可意守丹田。站椿不是氣功，以自然呼吸為好，不可導氣。

放棄雜念，平心靜氣，掃除塵俗萬慮，逐漸忘卻自身，不可執著，不可強求。初學者如暫時不能入靜，可先守靜聽微雨，以求安靜放鬆。

站椿時應全身放鬆，頭頸上領，腳下微沉。從頭上開始，全身關節、肌肉、均需節節放鬆，以不緊不僵硬為宜，身體不可晃動，保持平衡。

空胸實腹，以養丹田，丹田實則元氣足。往腳下放鬆，則氣可自沉。肢體如有僵緊不通之處，萬不可以意氣

衝之。

時間要求

初練習者的站樁時間應該根據每個人的身體情況量力而行，要尋找站樁的舒適感，而不要為了站樁而站樁。最好是忘了站樁，要為了舒適的感覺而站樁。

所以我認為剛開始以每次站樁時間以5至10分鐘為宜，哪怕好的感覺只有2分鐘，那就站2分鐘好了。如出現心煩意亂、肩緊背痛、兩腳發抖的現象時，應立即停止站樁，休息一陣後再開始練習。

隨著舒適感的增加和體質的改善，站樁時間也會逐漸加長，如能一次站樁25分鐘，感覺良好，周身不僵緊，這時就可加長時間到45分鐘。15到25分鐘是一個階段，45分鐘又是一個階段。

站樁體感

站養生樁會出現各種體感，雖然會根據個人的特點而有所不同，但初學者的大多感覺還是有相同點的，包括麻、漲、痛、熱、重、胸悶、抖動、幻象等。

站樁時出現某處痛時，為不通現象，很多為舊傷或為暗傷所致。胸悶為呼吸方法不正確或不習慣腹式呼吸所致。抖動為身體疲勞或緊張所致。麻為氣血不通所致。上述感覺均是初學站樁者要經過的階段，隨著練功時日的增加，這些感覺均能逐漸好轉和消除。

如果練習一段時間後這些感覺不但沒有減輕，反而有

加重的現象，這就是不正常了，大多是站椿時的要領沒有掌握，或是單純追求站椿時間，使肢體超過了這一階段的承擔能力。

出現了這種問題，一定要請教好的老師，請老師指導練功，以從根本上找出原因，解決問題。

在站椿時如出現，打嗝、出汗、出虛恭、腸鳴、骨微響等現象時，均為氣血通暢，是正常的。

如出現熱、漲、輕鬆、舒服等感覺，是說明練功有所進步，這時可以適當增加站椿時間，而身體也可以適應增加的強度，周身有熱流流動，這時的養生椿的基礎就打好了，繼續練習，自會達到更高的層次。

「養生椿，極容易，深追求，頭萬緒，用功時，莫著急，應選個適當場地，充足陽光，流通空氣，有水有樹更相宜，不論行走坐臥和站立，要內外放鬆，身軀挺拔，腰脊骨垂線成直，渾身大小關節，都含著似曲非直意。守空洞，保清虛，凝神也靜氣。臂半圓，腋半虛，體會無微不舒適。不思考，不費力，心臟無負擔，大腦得休息，想天空虛闊，洗滌情緣和塵俗萬慮。虛靈獨存，悠揚相依，綿綿如醉也如迷，笑臥如在水中宿，返嬰尋天籟，平凡無奇有天趣，師法當遵守，不可太拘泥，這裡邊包羅著無限深思多甜蜜，動轉頗似水中魚，自在自在真自在，先哲並無其他異。」

這是王薌齋先生的養生椿歌訣，把養生椿的要求、狀態都說清楚了，照此練習，絕無差錯。

這裡重點提醒大家的是「師法當遵守，不可太拘泥」

一句。就是說大家不要把時間太多的花費在外形的調整上，拘泥於和老師動作外形像不像，是不是一致，而是從適合自己，舒服的狀態來調整。按照老師的基本要求，放鬆身心，融入自然，尋找身心的統一後的愉悅狀態。

站養生樁最忌用意念去引導氣，這是站樁和氣功本質上的不同，體內的氣血運行與天地自然間的陰陽二氣運行規律是一致的，既然自成規律，人為的改變就會有風險。

我們站樁是為了促進氣血運行，內在外在和諧統一，完全按照原有的規律。站養生樁講究的是「氣血不養而自養，肌肉不練而自練」，不要強行引導。

養生樁練習一段時間後會出現一些病理反應，如某些關節痛、麻痺、胸口痛等，這叫做病灶先顯，是以前氣血不通引起的，不用緊張，透過氣血運行的順暢，這些症狀會越來越輕，直到消失。當然這是建立在養生樁正確的前提下。

在站樁細節上身體左右輕重，頭部、手腕、肩、肘、膝、跨等部位，都有鬆緊虛實的關係，要從細微處分辨，才能真正由樁來瞭解自己的身體狀況。

🚶 第四節　養生坐、臥樁功

養生樁還有坐臥樁練習法，適合年老體弱者，效果不如站樁明顯。

可作為練站樁的輔助功夫，但對久病纏身者功效很好，臥樁對治療失眠有特效。

臥 椿

面向上仰臥於床上，枕頭要柔軟不能過高，身體端正，脊椎節節對準。眼和口微閉，鼻自然腹式呼吸，舌抵上齶，全身放鬆。兩膝關節處彎曲，大於45度，兩腳左右分開，比肩略寬，腳掌平放於床上。「如身體更弱，就腳跟貼於床面，腳尖有上勾之意。」兩手臂抬於身體胸前部位，指尖自然略向內，掌心含虛向胸前如抱球狀。

從頭到腳，需節節貫穿，關節處都要有鬆開之意。全身毛孔有張開之感。意念自上而下，處處放鬆，不可有絲毫用力之處，心靜神凝，衛氣循環。

坐 椿

坐於椅上，頭頂微向上領勁，下顎微收，兩目平視，直頸，上身端正，不偏不倚，空胸實腹，含胸拔背，自然腹式呼吸。

兩手臂抬於身體胸前部位，指尖自然略向內，掌心內含虛向胸前內抱球。兩腳左右分開，比肩略寬，膝關節大於90度，腳跟貼於地面，腳為外八字形，左右腳尖向身體前方左右兩側，腳尖與腳背向小腿方向回勾，不可著地，全身只有腳跟著地。

周身如有不得勁處，即可調整，使之舒適自然。處處鬆緊得配，有疲勞緊張處，及時放鬆，心平意靜，渾然忘我。腳尖上翹不可用力，應在練習體認中逐漸加大，以體知鬆緊關係。

養生坐椿

坐臥椿感覺與站椿相同，均會出現麻、熱、漲等體感。養生椿是以養氣為主，以練功為輔，由養入練，以練為用，功深日久，可強身卻病，內養丹田，以丹田為基礎，氣貫帶脈，滋養營衛二氣，為下一步渾圓椿做好準備。

第五節　養生椿守靜法

椿功的入靜，是非常重要的，能入靜的練習者可以很快找到感覺，效果就很明顯，反之練功的效果就要差很

多。入靜是要凝神、靜氣。

很多練功者天生喜靜，這樣的練功者只要平心靜氣，按照要求做好功法的放鬆，感到放鬆到腳，就能排除雜念入靜練功了。如感到還不能入靜，可用深呼吸，默想向腳心放鬆沉氣，使精神放鬆達到入靜的狀態。如這種沉氣法仍不能入靜的話，說明練功的人難以專心，這時可用精神假借的方法入靜。

靜聽法

眼神內斂，靜聽外界的微微聲響，「守靜聽微雨」，想像細雨隨微風飄落，集中精神聽細雨落在地上的聲音。意念不宜過重，細細體會即可。

假想法

想像自己在空曠的平原上站椿，身體越來越膨脹，天地之間只有自己，自由自在，無拘無束，天地之大任我翱翔。也可想像青山綠水，花香怡人，自己如游魚一樣，自由的在水草間游動。意念也不可過重，全憑忘記自身，尋找自由的感覺，才可入境。

遠視法

在遠處看不清的地方，選一目標凝視，想像可以看清，眼微睜即可，不可意念過重，注意眼部的放鬆。如眼睛疲勞，可慢慢閉上，休息一會繼續練功。閉眼時站椿可以繼續。

　　以上的方法都是幫助站樁入靜的，而不是必須的。如練功者已能很好的入靜練功了，就不必再使用以上的方法了。

第 三 章

試力功法

🏃 第一節　體內矛盾試力

「力由試出」試的是什麼力？這個就是內家拳的關鍵了，試出的是爭力。爭力也叫二爭力，是訓練出渾圓力的關鍵，也是歷代拳家的不傳之密。

我們說的爭力就是相反而又統一的矛盾力。它是由意念控制體內的矛盾力然後與外界的抗衡之力。

它是在意念的指導下，對於人體可控肌所進行的一種訓練活動，並要與外界假借物體的推拉牽扯，由空氣阻力摩擦感應而產生的既矛盾又統一的整體力。老子說：「反者道之動。」矛盾的對立和統一就是爭力。

六面爭力訓練是解決力由單面向整體最後到達渾圓的重要方法，沒有六面的矛盾統一，說什麼渾圓都是扯談。

所謂六面就是指前後、上下、左右六個方向。我師父說：「六面爭力要單做，最後組合成渾圓。」這是指每個方向都要做到矛盾對立統一的整體運動，先要練習單獨方向的相爭，然後進行六個方向的組合，還要老師的彈性餵勁，才能在緩慢的運動中找到渾圓感覺。然後再進行渾圓樁的訓練。

試力練習分為體內矛盾試力和體外矛盾試力，從那裡開始練習都能達到體內體外的勻整。

試力應該和養生樁同步進行練習，養生樁養丹田元氣，元氣充盈後氣貫帶脈，產生內爆力源；爭力產生整體力源，這兩個都達到要求，才算是完成渾圓力的基礎。

1、前後試力

【間架結構】

以站樁的要求調整自身，周身放鬆，勿使有僵緊之處。然後將左腳向前方邁一小步，重心仍在右腿，前膝微前頂，後膝彎曲，前腳腳前掌為實，腳跟為虛。兩眼平視正前方，頭正微微向上頂勁，身向後坐，重心後七前三，含胸腹實，兩手置於身前，與腰肋同高，手掌向下，指尖向前，自然鬆開。兩肘置於兩肋旁，與手相平。

【動作要領】

後腳緩慢向後蹬地，前腳尖向前用力撐地，重心慢慢前移，同時身體、手臂、手掌均向前移動，在向前移動時，手臂與身體的距離要保持不變，力由後腿蹬地產生，運行於腿，以腿催身，以身催臂，達與手指，待兩腳重心達到前五後五時，周身停止向前，改為前腳尖向後扒地，後腳向前合力，重心慢慢後移，同時身體、手臂、手掌均向後移動，在向後移動時，手臂與身體的距離要保持不變，力由兩腳相合產生，兩手有向後拉扯之意，待兩腳重心達到前三後七時，周身停止向後，轉而重複向前，反覆練習。

【注意事項】

由前往後轉換時不要有明顯停頓，前腿膝蓋始終保持向前微頂的狀態。

換右腳在前的爭力練習時，動作要領完全相同，習練

者換腳練習即可。

【意念假借及練習要求】

意念假借為兩腳之間的地面有一橫向裂縫，向遠方無限延伸。向前時重心三七到二五，應想像縫隙被我自身的兩腳撐開，隨著後踩前撐的加強，身體重心的移動，兩腳間的縫隙越撐越大。

反之，向後時重心二五到三七，應想像縫隙被我自身

前後試力

的兩腳合攏，隨著兩腳相合力的加強，身體重心的向後移動，兩腳間的縫隙越撐越小。

意向前必有向後之力，意向後必有向前之勁。前後移動務須整體協調。意動為先，形必相隨。長久反覆練習，越來越慢，到蠕動而體認其相爭之奧妙。

練習前後爭力時，左右式要平均分配時間，兩腳交替練習，不可只練習一側。練習時間以每次10分鐘為宜。

2、上下試力

【間架結構】

以站樁的要求調整自身，周身放鬆，勿使有僵緊之處。然後將左腳向前方邁一小步，重心仍在右腿，前膝微前頂，後膝彎曲，前腳腳前掌為實，腳跟為虛。兩眼平視正前方，頭正微微向上頂勁，身向後坐，重心後七前三，含胸腹實，兩小手臂豎立於胸口兩側，兩手掌心相對，手掌自然張開，高度置於臉頰兩側，虎口張開，拇指微內扣，其他手指有向上之意。大臂貼近身體兩肋，勿貼緊，臂彎夾角小於90度，腋下含虛。

【動作要領】

後腳緩慢向後蹬地，前腳尖向前用力撐地，重心慢慢向前移，同時，頭頂與手指領勁，周身上拔，力由後腿蹬地產生，運行於腿，以腿催身，以身催臂，達與手指，在向前和向上移動時，手臂與身體的距離要保持不變，待兩腳重心達到前五後五時，周身停止向上，改為前腳尖向後

扒地，後腳向前合力，重心慢慢後坐，同時身體、手臂、
手掌均向下沉，力由兩腳相合產生，兩手有向下拉扯之
意，待兩腳重心達到前三後七時，周身停止向後，轉而重
複向前，反覆練習。

【注意事項】

要始終保持虛靈頂勁，向上時要有沉坐之意，向下時
又要上托之念，在矛盾中尋找整體均衡之道。

換右腳在前的爭力練習時，動作要領完全相同，習練

上下試力

者換腳練習即可。

【意念假借及練習要求】

意念假借為兩腳之間的地面有一橫向裂縫，向遠方無限延伸。向前時重心三七到二五，應想像縫隙被我自身的兩腳撐開，隨著後踩前撐的加強，身體重心的移動，兩腳間的縫隙越撐越大。

反之，向後時重心二五到三七，應想像縫隙被我自身的兩腳合攏，隨著兩腳相合力的加強，身體重心的向後移動，兩腳間的縫隙越合越小。

兩手臂及脊椎向上時，意念假借為向上托舉千斤之物，待到腳下重心二五之時，兩手臂及脊椎下沉，意念假借為千斤之物下壓，我自身用腰胯相合之力相接。

意向下必有向上之力，意向上必有向下之勁。前後移動上下開合務須整體協調。要做到蓄力乃起，意莫獨行。

練習上下爭力時，左右式要平均分配時間，兩腳交替練習，不可只練習一側。練習時間以每次10分鐘為宜。

3、左右試力

【間架結構】

以站樁的要求調整自身，周身放鬆，勿使有僵緊之處。然後將左腳向前方邁一小步，重心仍在右腿，前膝微前頂，後膝彎曲，前腳腳前掌為實，腳跟為虛。兩眼平視正前方，頭正微微向上頂勁，身向後坐，重心後七前三，含胸腹實，兩手臂自然下垂，置於兩大腿前外側，兩手掌

心向後，手掌自然張開，虎口張開，拇指微內扣，腋下含虛。

【動作要領】

右腳外側緩慢向外蹬地，左腳前掌亦向左扒地，兩腿同時外撐，兩膝卻又有相合之意。周身向左緩慢轉動，力起與腳，運行於腿，以腰胯為主宰，帶動全身，以身催臂，達與手指，在向左移動時，手臂與身體的距離要保持

左右試力1

不變，待兩腳重心達到前五後五時，周身停止向左移動，改為原路線返回運動，這時兩腳勁力改為向內相合，而兩膝有外撐之意，待重心轉回原點時，周身停止向右，轉而重複向左，反覆練習。

【注意事項】

兩胯不蹦摏緊，要保持放鬆和彈性。兩手臂不可伸直，要微微彎曲。周身整體運動，不能某處單獨運動。

左右試力2

【意念假借及練習要求】

意念假借為兩腳之間的地面有一豎向裂縫，向遠方無限延伸。

向外時兩腿重心三七到二五，應想像縫隙被我自身的兩腳成扇面狀撐開，隨著兩腳外撐力的加強，身體重心的移動，兩腳間的扇面縫隙越撐越開。

反之，兩腿向內合時重心二五到三七，應想像扇面縫隙被我自身的兩腳合攏，隨著兩腳相合力的加強，身體重心的移動，兩腳間的扇面縫隙越合越小。

意念轉換時運動莫要停頓，意、形應合為一體，在練習過程中多注重放鬆和整體運動。

練習左右爭力時，左右式要平均分配時間，兩腳交替練習，不可只練習一側。練習時間以每次10分鐘為宜。

前後、上下、左右六個方向的三種爭力練習，即是單獨的練習又是相互關聯的。

三種爭力只是把架子撐起來，我們還要練習著把架子間的空隙填滿，在老師的幫助下體驗各個方向對自身的壓力，等到一舉動，或是隨便一站，便是周身一體，有左必有右，有前就有後，有上拔就有下鑽，勁路貫穿全身，就像廣場上的雕像，給予從各個方向來的力的反作用力都是相等的，這才算具有了渾圓勁。

第二節　體外矛盾試力

1、勾挫試力

體外矛盾試力是以體外自然界形物為精神假借參照，兼顧六面進行的同向、反向、變向的訓練方法。

很多老師和練習者從體外矛盾試力入手，將勾挫試力作為練習試力第一個訓練科目。我不是對從體外入手到體內矛盾的同門不敬，從哪裡開始只要最後體內體外統一，都是可以的。

這裡我要說明一下，以我練習的經驗來說，勾挫試力對爭力各方向要求都要兼顧，矛盾勁路想對複雜，初學試力的習練者在沒有進行技擊樁尤其的沒訓練過矛盾樁的情況下，直接進行勾挫試力，往往體認會出現偏差，容易造成僵緊。

【站立間架】

平心靜氣，在站立渾圓樁的基礎上，左腳向左前方上一步，兩腳間距比肩略寬，左腳掌略向左外側。右腳掌隨左腳掌向內轉動，幅度與左腳掌相同，與右膝蓋方向一致。身體隨左腳向左側扭轉，頭部也隨身體向左，眼睛看左腳尖所指的方向。

此時左腿在前，膝部微屈，向前有頂勁，切不可塌膝。右腿在後，膝關節彎曲度大於前腿，微微有內扣之意。坐胯，命門後頂，溜臀，頭正項直、下顎微收、含胸

拔背。前後腿重心為後七前三。

　　兩手臂亦隨身體轉動，左手臂在前，右手臂在後，右手中指約到左手虎口，兩手掌心相對，手指向前，與頭部高度一致，肘關節彎曲大於90度，沉肩墜肘，肘要低於手。十指自然分開，微向內屈，掌心含虛。兩腋下含虛，呼吸要求同養生樁。

勾挫試力1

【動作要領】

　　兩手緩緩向下、向後拉掛，同時兩肘向身體兩側後方拉扯，肘關節彎曲度逐漸成90度，兩手腕向下勾掛，兩手心保持相對，拉至胸前，同時身體重心向後移動，成後八前二（這裡訓練時比體內矛盾試力移動幅度更大，但是使用時仍遵循三七到二五原則），前手略高於後手，也略前於後手。上動不停，重心前移，雙手緩慢外翻，兩臂向外

勾挫試力2

向上送力，兩掌心斜向外，高度同頭部或略高，重心前移
至二五時，兩手掌內旋相對，然後重複向下、向後。週而
復始，反覆體用。

【意念感應】

意念假借應為，在體外找一高大參照物，如臨大敵，
將參照物可拉近拉低，可外發。體會勁力前後左右上下的
外物假借配合練習。外在意念注入參照物，眼睛要盯緊。
精神外緊內鬆。

【注意事項】

左右要求相同，唯體位相反，可左右式交替練習。練
功時間因人而異。除練者不可執著於外形，不可僵緊。前
推，後拉，下掛，上鈎都要全身各部位整體運動，細心體
會矛盾均勻的勁路。

2、提按試力

提按試力是體內矛盾上下試力的體外尋求意念參照物
的練法。是以上下矛盾力練習為主，兼顧其他方向勁路變
化的試力功。對所有關節、軀幹、肢體、肌肉都有良好的
訓練功效。

【站立間架】

平心靜氣，在站立渾圓椿的基礎上，左腳向左前方上
一步，兩腳間距比肩略寬，左腳掌略向左外側。右腳掌隨
左腳掌向內轉動，幅度與左腳掌相同，與右膝蓋方向一

致。身體隨左腳向左側扭轉,頭部也隨身體向左,眼睛看左腳尖所指的方向,平視。

此時左腿在前,膝部微屈,向前有頂勁,切不可塌膝。右腿在後,膝關節彎曲度大於前腿,微微有內扣之意。坐胯,命門後頂,溜臀,頭正項直、下顎微收、含胸拔背。前後腿重心為後七前三。前腳跟不要踩得太實。

兩手置於身體前方,與腹同高,手掌距離小腹約2到3

提按試力1

拳的距離。掌心向下，手指向前，手腕向下微塌，兩肘微微外撐，左手比右手略前，約相差半指距離即可。

【動作要領】

頭頸上領，身軀微拔，腿向上微挺，上身後靠，雙手臂緩緩上抬，沉肩墜肘，右腿彎曲，身體隨腰下沉，當後腿下沉到重心接近八成時，雙手臂已抬過頭頂，這時手指

提按試力2

仍向前，手心向下，腕部向上微凸起，外撐。

上動不停，兩手指同時上揚，掌根下塌，兩手臂向下向前伸展，後腿慢慢蹬直，雙腿重心移動到五五狀態，以頭領勁，上身緩緩上挺。待到兩手落在小腹處時，重心要剛好完成五五分配。然後再重複抬起，週而復始。

【意念感應】

兩手向上如托泰山，向下如按猛虎。手掌向上向下時身體向反方向做矛盾力，矛盾力要相爭相合，力量均勻相等。神意領起，感應雙手和身體的爭力。

【注意事項】

動作要求均勻、連續、緩慢，不要停頓。左右交替練習，時間因人而異，不用過長，5到10分鐘即可。有的老師喜歡提上去後左右畫圈轉動後再收回，這是兼顧左右練法，但初學者這樣練習容易變成局部力，待到周身整體後再加入晃動，個人感覺效果會更好。

3、開合試力

開合也叫分撐，接近最基礎的哄水試力，但動作幅度更大，要求更高。開合試力以雙手左右對撐矛盾力練習為主，動作比較容易掌握，但要注意細節。

【動作間架】

平心靜氣，在站立渾圓樁的基礎上，左腳向左前方上一步，兩腳間距比肩略寬，左腳掌略向左外側。右腳掌隨

左腳掌向內轉動，幅度與左腳掌相同，與右膝蓋方向一致。身體隨左腳向左側扭轉，頭部也隨身體向左，眼睛看左腳尖所指的方向，平視。

　　此時左腿在前，膝部微屈，向前有頂勁，切不可塌膝。右腿在後，膝關節彎曲度大於前腿，微微有內扣之意。坐胯，命門後頂，溜臀，頭正項直、下顎微收、含胸拔背。前後腿重心為後七前三。前腳跟不要踩得太實。

開合試力1

　　雙手分開外展，高於兩肩，前手略高於後手，兩肘兩臂外撐，兩掌心向外，微微塌掌，肘關節微微彎曲約160度，上身微後撐。

【動作要領】

　　身體由後緩慢前移，重心前移至五五分，同時，兩手由小指領勁，向內切合，掌心斜向上，待重心前移至五五

開合試力2

時，兩手交叉合於胸前，掌心向內，一般前手在內，後手在外，也可交替練習。

注意手掌翻轉時要緩慢自然，力量均勻。前動不停，當兩手過身體中線後，身體開始後靠，兩腳外撐，重心後移至後七前三，兩手同時外展，兩手臂外撐分開。回歸到起點，週而復始，開合練習。

【意念感應】

體會身體尤其是兩手與外界的開合切拍的矛盾關係。意念假借外在混沌一團，如漿糊將自身裹住，我要將其撕開破壞。精神內外一致，體驗合既是開，開就是合的矛盾關係。

【注意事項】

動作要求均勻、連續、緩慢，不要停頓。左右交替練習，時間因人而異，不用過長，5到10分鐘即可。本試力也可以作為肩周炎患者的康復治療，效果很好。

【試力歌訣】

再談試驗各種力，名稱用途各不一。有形和無形，有意和無意，具體、局部、自動、被動及蓄力，有定位，無定位，應用和練習，大多是骨藏稜、筋伸力，沉、托、分、閉、提、頓、吞、吐、筋絡鼓盪彈簧似，毛髮根根意如戟，一面要含蓄纏綿力旋繞，一面要斬鐵截金，冷決脆快，刀剪斧齊，曲折路線存鬆緊，面積中分虛實，有忽高而低，高低隨時任轉移，精神猶怒虎，氣質若靈犀，身動

似山飛，力漲如海溢，這種學術並不太稀奇，都是以形取
意，抽象中求具體的切實。

🏃 第三節　試　聲

試聲也就是發聲，是發力的輔助功法練習，主要目的
是提高發力的威力。

養生功效是腹腔共振，檢驗元氣是否充實。實戰時威
震敵膽，配合發力攻擊用來震懾對手。想起少年時打架，
必須連罵帶打在氣勢上才能壓住對手。意拳將發聲單獨作
為練習功法，在武術史上絕對是創舉，這是意拳以實戰技
擊為本，聲力併發的體現。

想要正確的發聲，也是先要進行試聲。試聲是靜止的
練習，發聲是配合發力的實用，等到練習發力時，聲力齊
出才可。

下面介紹試聲的具體練法。

1、間架意念

練習試聲時可採用任何技擊樁或渾圓樁，本人比較喜
歡手位略低的矛盾樁或浮雲樁。丁八步確定身體和手位，
氣貫帶脈，意念氣機分布周身，精神集中，假想大敵當
前，目光平視外敵，敵人不停向我進攻，精神上身臨其
境，不斷躲閃控制，假想反擊時，以腹腔內氣共振催動，
做試聲練習。

試聲時，下顎微收，口微張開，不可張的過大，由腹

到腔，發出低沉的吼聲。切忌用嗓子大喊，而是發出虎豹吼嘯，身體各部位要產生共鳴，氣血鼓盪。

這時意念要義無反顧，氣勢一擊必中，生死在此一舉。聲發於內，氣施於外，幽谷鳴鐘，列陣擊鼓，要發出與敵生死相拼的氣概。

2、啊、哈

開口音，很多人選擇。發這兩個音，要胸腹放鬆，以腹腔發出，與胸腔、口腔產生共鳴，經頭、頸同時共振發聲。哈字音還需加入後背、後腦共振。啊字音模仿虎嘯，要求回旋激盪，腹腔共鳴明顯。哈字音模仿獅吼，要求勇猛酷烈。

3、嗯

閉口音，由帶脈發出，與胸腹產生共鳴，要求低沉而幽遠。意念上模仿龍吟，要求深遠低沉，配合發力有翻江倒海之勢。

練習者可以任選一種或幾種音練習，要求全身外緊內鬆，意念配合，不求聲音高大，只求周身鬆緊能與之配合。聲音要威猛而內斂。含而無形，發而無聲，方為上乘功夫。

試聲要由小慢慢變大，待到有萬夫莫當的氣概時，開始進入若有聲若無聲，低沉無意的境界，這時發力發聲都不受大腦支配，回歸到人類固有的防衛本能。

試聲

第 四 章

意拳技擊樁

☂ 第一節　渾圓椿

養生椿到了一定的階段，會自然感到體質的改變，同時內在的熱漲感覺會更加強烈，意氣下沉，肩部放鬆，雙手會自然上抬，腹式呼吸順暢，雙手抬高也不覺憋氣，丹田元氣充足，任脈及帶脈貫通，這時可練習渾圓椿。

【站椿要求】

兩腿開立，與肩同寬或比肩略寬，早晨練功時盡可能面向東方，在前方遠處選一目的物為目標，平視目標物，頭正項直、下顎微收、兩膝微屈、含胸拔背、命門向後填滿，溜臀，五指自然分開，兩手臂環形抱於胸前，掌心向內微下方，如抱一球，球的大小可調節，視每人練習狀況而定（練功越久，球體會自然膨脹放長），兩大臂微夾球體表面，小臂和手掌微拂球體表面。兩腋下虛空，如夾小球。

全身外撐內裹抱六撐四，筋肉骨節處處爭力，保持渾圓狀態。體會鬆而不緊，緊而不僵的感覺，在鬆緊中感覺「靜中育動」，周身皆有彈簧力，可無限大，可無限小。陰陽交替，無始無終，似動非動，似靜非靜。渾圓功成，則可得椿功技擊克敵制勝妙法。

【意念感應】

內外在感應與養生椿要求相同，唯要加入意念的上下、前後、左右的爭力誘導訓練，後面的六面爭力訓練會

專門介紹。

　　這時身體內部的熱流感會不斷增強，渾身又如氣流運行，如在有經驗的老師指導下，可進行丹田元氣的發散練習，這裡不做介紹，以免誤導，發生偏差。

　　這時出現的熱、漲、輕鬆、舒服等感覺，都是正常的。練習者每個階段出現的感覺是因人而異的，要及時請教有經驗的老師，不可自行加入意念，過度追求感覺而忽略了正確的樁功要領，使練功時出現偏差。

【練功時間】

　　站渾圓樁的初學者應以30至45分鐘為準，如不到30分鐘就出現心煩意亂、肩緊背痛、兩腳發抖、胸悶呼吸不順暢的現象，說明養生樁還需練習，應放低雙臂，繼續站養生樁。

　　如超過30分鐘出現上述現象，應減少練功時間，掌握

渾圓樁

鬆緊度，不可故意用力，調整呼吸，以求進益。

習練者需逐漸加長站樁時間，能超過45分鐘仍能不酸不累，感到舒適，精神好，有愉悅感再增加練功時間就很容易了。

第二節　矛盾樁

技擊樁是以站樁形式訓練實戰技擊意識，培養渾圓在技擊中的應用的基礎。

矛盾樁是技擊樁的重要功法，是不可或缺的，是後面推手、操拳、實作等功法的基礎。

練習矛盾樁法必須在養生樁和練習了爭力的基礎上，並具備了一定的渾圓勁，才可以練習。

【站立間架】

先站立渾圓樁，在渾圓樁的基礎上，左腳向左前方上一步，兩腳間距比肩略寬，左腳掌略向左外側。右腳掌隨左腳掌向內轉動，幅度與左腳掌相同，與右膝蓋方向一致。身體隨左腳向左側扭轉，頭部也隨身體向左，眼睛看左腳尖所指的方向。

此時左腿在前，膝部微屈，向前有頂勁，切不可塌膝。右腿在後，膝關節彎曲度大於前腿，微微有內扣之意。坐胯，命門後頂，溜臀，頭正項直、下顎微收、含胸拔背。前後腿重心為後七前三。

兩手臂亦隨身體轉動，左手臂在前，右手臂在後，前

手掌心向後對準身體，與頭部高度一致，比眼部略低。肘關節彎曲大於90度，沉肩墜肘，肘要低於手。後手臂向內環抱，手掌心對準右胸前方，手指對準前手掌心，肘關節彎曲小於90度，沉肩墜肘，肘要低於手。

十指自然分開，微向內屈，掌心含虛。兩腋下含虛，雙臂如抱球狀，要求同渾圓椿，呼吸要求同養生椿。

【意念感應】

此椿意念假借應為，如臨大敵，前有毒蛇猛獸，強敵環繞，與敵狹路相逢，不進則亡。外在意念注入敵身，內在養我安然之氣。

眼睛從前手拇指邊，向外凝視，目光專注。間架氣勢英勇豪邁，具必勝之信念。而精神放鬆，體察敵細微之動，掌握制勝之先機。

矛盾椿

【注意事項】

此樁左右式要求相同，唯體位相反，可左右式交替練習。練功時間應與渾圓樁相同，也可略少。習練者不可執著於外形，要「不求形相似，只求神意足」。

第三節　鷹樁

鷹樁是六面試力的展開式。學者透過前期的練習，能兼顧六面的爭力後，將其組合，形成初步渾圓後，開始有意識的加入各方向的外展，與外在的空間相爭。

鷹樁就是從靜中求動，內在相爭開始求與自然、對手相爭的過渡樁法。

【站立間架】

先站立渾圓樁，在渾圓樁的基礎上，左腳向左前方上一步，兩腳間距比肩略寬，左腳掌略向左外側。右腳掌隨左腳掌向內轉動，幅度與左腳掌相同，與右膝蓋方向一致。身體隨左腳向左側扭轉，頭部也隨身體向左，眼睛看左腳尖所指的方向。

此時左腿在前，腳尖點地，腳跟虛抬，膝部微屈，向前有頂勁，切不可塌膝。右腿在後，膝關節彎曲度大於前腿，微微有內扣之意。坐胯，命門後頂，溜臀，頭正項直、下顎微收、含胸拔背。前後腿重心為後七前三。

兩手臂亦隨身體轉動，左手臂向前伸出，掌心向下，與胸部高度一致。肘關節微微彎曲，沉肩墜肘，肘要略低

於手。後手臂向上抬起，手掌心對準前方，肘關節彎曲大
於90度，沉肩墜肘，肘要略高於肩。

　　兩手十指自然分開，微向內屈，掌心含虛。兩腋下含
虛，要求同渾圓椿，呼吸要求同養生椿。兩跨要坐穩，兩
臂外撐內裹，手掌有鷹抓之意。

鷹椿

【意念感應】

兼顧六面爭力，意念如鷹，目視遠方，有鷹目之銳利，兩手成鷹爪之形，氣勢渾厚，意力行於爪尖，與外界撕扯撐拽，如銼似鉤。

上下前後左右互為相爭。神意外放，定意凝神。周身不可用力，以免出現僵緊。

【注意事項】

注意手與身體間的整體意念配合，意想以爪進擊時要兼顧身體與外在爭力的配合。

此樁對後面的推手練習作用很大，在應用上可搭手可斷手，是技擊樁的入門功法。左右交替練習，時間上不作要求，以個人感受為主。

第四節　托嬰樁

這個樁與矛盾樁重要性相同，都是技擊樁的重要樁功，練習者要非常重視才行。因動作手位在身體前上方，而有上托夾抱之意，故名托嬰樁。

學練者在掌握渾圓力後，在矛盾樁的基礎上，應開始學練此樁，為後面操拳實戰練習做好意識和功力準備。

【站立間架】

先站立渾圓樁，在渾圓樁的基礎上，左腳向左前方上一步，兩腳間距比肩略寬，左腳掌略向左外側。右腳掌隨左腳掌向內轉動，幅度與左腳掌相同，與右膝蓋方向一

致。身體隨左腳向左側扭轉，頭部也隨身體向左，眼睛看左腳尖所指的方向。

　　此時左腿在前，膝部微屈，向前有頂勁，切不可塌膝。右腿在後，膝關節彎曲度大於前腿，微微有內扣之意。坐胯，命門後頂，溜臀，頭正項直、下顎微收、含胸拔背。前後腿重心為後七前三。

　　兩手臂亦隨身體轉動，左手臂在前，右手臂在後，前

托嬰樁

手掌心向內，與頭部高度一致，比眼部略低。肘關節彎曲大於90度，沉肩墜肘，肘要低於手，手腕部微向上，使小手指有下掛之意。後手臂向內環抱，手掌心方向與前手向對，手指前伸至前手手腕處，也可略後。肘關節彎曲小於或等於90度，沉肩墜肘，肘要低於手。

前手長後手短，內夾外撐，十指自然分開，意力行於指尖，手腕及拇指有上托之意，食指和中指有前擊之意，無名指和小指有下掛之意。兩腋下含虛，雙臂如托嬰兒狀，要求要點同渾圓椿，呼吸要求同養生椿。

【意念感應】

精神假借如有絲線向外牽扯，透過外放、後拉、下扯、上托、前指、內合、頂腕上封、兩肘外封等意念活動，來感知與外界產生的相爭關係以及周身的連帶關係。局部尋找整體，使之配合協調。撐六抱四、靜中求動、鬆中求整。

【注意事項】

此椿意念較強，強度相應較大，間架立足實戰，結構緊湊，是練習整體勁的重要功法。

練習者可根據身體狀況選擇中、低位練習。如以養生為主可練習高位，也會練出整體勁。低位椿要求較高，但對腰、腿的功力效果明顯。

此椿和矛盾椿一樣，都可以作為實戰警戒式，矛盾椿偏於防守，而托嬰椿偏於進攻。練習時最忌僵緊用力，所以在時間上，如感覺出現肌肉、意念過緊即要收式。左右

交替站立練習，站後進行放鬆練習。

第五節　伏虎樁

伏虎和降龍兩樁，是低身位樁功，兩腳間距較遠，重在腰腿下盤，對功力增長較快，也容易造成僵緊，所以當年學拳時，師父王永祥是不贊成練習的。

但因對大步整力增強有良好的作用，我隨師兄經常偷偷練習，這裡將練習方法據實記錄，習練者千萬注意鬆和緊的關係。

伏虎樁有下按和內夾兩種練法，這裡介紹下按練法。

【站立間架】

先站立渾圓樁，在渾圓樁的基礎上，左腳向左前方上一大步，兩腳間距約兩尺，左腳尖略向左外側。右腳掌隨

伏虎樁

左腳掌向內轉動，幅度與左腳掌相同，與右膝蓋方向一致。身體隨左腳向左側扭轉，頭部也隨身體向左，頸微低，目視左下方。

此時左腿在前，膝部微屈，向前有頂勁，切不可塌膝。右腿在後，膝關節彎曲度大於前腿，微微有內扣之意。坐胯，兩胯要擺正，相爭相撐。命門後頂，溜臀，背往後靠、下顎微收、含胸拔背。前後腿重心為後七前三。

兩手臂亦隨身體轉動，左手臂在前，右手臂微在後，兩手掌心向下，與小腹高度一致。肘關節彎曲大於90度，沉肩墜肘，肘要略高於手。

十指自然分開，微向內屈，掌心含虛。兩腋下含虛，要求同渾圓樁，呼吸要求同養生樁。

【神意感應】

意念活動強烈，不宜遠取，只宜近作。神意下沉，勁氣充盈，兩手下沉有浮沉開合之意。假借有猛虎掙扎，我觀其形、順其勁、控其力、斷其勢。兩手有提、掛、勾等動作意念，兩肘有撐合的意念，兩膝兩肩有相爭的意念。上身要正，不可前趴。

意念越充實，身體越放鬆，這是練習伏虎樁的關鍵。

【注意事項】

前面的動作位置，意念主要控制虎頭，還有一種練習是意念假借控制虎頭和虎臀，這樣後手就要往後撐。如練習內夾，兩掌心就要相對，體驗相合後的下掛外撐。左右勢交替練習，時間因人而異。

練習時也可微微蠕動，隨時調整，以防僵緊。

第六節 降龍樁

降龍樁和伏虎樁都是屬於大步低位試力樁。降龍樁比伏虎樁還要低，在意拳樁功中兩腳間距最遠，身位最低，下盤力度最強。

我覺得降龍樁應脫胎於形意拳十二形中的龍折身練法，動作上轉身下沉，如降服強龍身軀，故名降龍樁。

降龍伏虎都是以下盤增長功力為主，故有口訣將兩樁放在一起，「降龍伏虎，功力益補，氣勢渾雄，靜中示武；練亦堅恆，緩鬆求儲，中下之盤，具其得主；練至老年，持功獲輔，身輕體健，登堂入府。」

【站立間架】

先站立渾圓樁，在渾圓樁的基礎上，左腳向左前方上一大步，兩腳間距在三尺以上，越大越好。左腳尖指向左前方。右腳掌隨左腳掌向內轉動，幅度與左腳掌相同，與右膝蓋方向一致。前膝部彎曲為鈍角，膝蓋前頂。後腳後蹬，腳內側實著地，腳外側虛著地，腳尖向斜前方。後腿略蹬直。後膝可微塌並略扣。

然後上身向前下方傾斜，腰跨向下向左擺扣，上身和頭部隨之左轉，兩眼直視身體左後下方，盡量看自己後腳。

左手臂向左後下方撐出，略直，十指自然分開，掌根

下塌。右手臂曲放於頭頂。掌心向上向外，力向外撐。兩腋下含虛，呼吸要求同養生樁。

【神意假借】

降龍樁要突出氣勢，目後視龍尾，神意外放；前手神意虛抓龍頭，後手撫龍身，外緊內鬆，降龍不過是顧盼之間。意後注而不忘前，前撐後按，開中有合，扭轉之間，合中有展。

【注意事項】

身軀和後腿要成一條線，雖然扭轉，但不可彎曲。飯後站此樁最好間隔一小時以上，從技擊角度來說，可以增加中下盤的功力，對腰跨的鬆緊性、貫穿力、靈活度都有巨大的功效。

降龍樁

　　在養生鍛鍊方面講，可使腰腹輕靈自如，柔軟關節，對腰、腿調理大有補益。左右交替練習，也可順逆練習，練習時間不宜過長，以自己身體情況為準。

第 五 章

意拳的身法、步法

第一節 神龜出水

神龜出水一向被歸類於大步試力，這是不全面的認知。神龜出水是綜合了前後試力、上下試力、左右試力、提按試力等各種功法，並加入脊柱等各關節的開合，產生的身法試力。

神龜出水只有多加練習才能體會出精髓，後期附以步法，對敵時就可以產生移形換影的技術效果。

【準備間架】

先站立渾圓樁，在渾圓樁的基礎上，左腳向左前方上一大步，兩腳間距比矛盾樁步法略寬，左腳掌略向左外側。右腳掌隨左腳掌向內轉動，幅度與左腳掌相同，與右膝蓋方向一致。

身體隨左腳向左側扭轉，頭部也隨身體向左，眼睛平視左腳前方。此時左腿在前，膝部微屈，向前有頂勁，切不可塌膝。右腿在後，膝關節彎曲度大於前腿，微微有內扣之意。坐胯，命門後頂，溜臀，頭正項直、下顎微收、含胸拔背。前後腿重心為後七前三。

兩手臂亦隨身體轉動，左手臂在前，右手臂在後，兩手掌心向下，與胸部高度一致。肘關節彎曲大於90度，沉肩墜肘。十指自然分開，指尖微含搣勁。兩腋下含虛，平心靜氣，呼吸要求同養生樁。（如圖一）

【動作要領】

以上間架準備好後，背往後靠，上身坐跨下沉，同時

　　兩手以手腕部領勁上浮，頭藏於後手大臂內側，目光平視前手前方（如圖二）。

　　上動不停，後腳蹬地，前腳扒地，重心前移，同時雙手後拉，待到重心到達五五分時，前退膝蓋微微前頂，頭藏於前手臂彎處（如圖三）。這時上身連同腰胯緩緩上拔，兩手緩緩下沉至後胸處（如圖四）。

　　上動不停，前腳蹬地，後腳相合，兩手緩緩前送（如圖五），慢慢恢復至起始狀態，背向後靠，重心緩緩恢復至前三後七。

　　然後重複上述動作，週而復始。左右交替練習，日久功成。

神龜出水1

神龜出水2

神龜出水3

神龜出水4

神龜出水5

【意念假借】

如在水中，在水面上隨波浮沉，後靠時，兩手推開水面阻力；身體下沉時，兩手向上破開水面；身體上升時，兩手下沉如按重物，使身體借力。

一浮一沉，一前一後，意念分配勁力得當，體會周身無不相爭。

【注意重點】

神龜出水是重要的周身試力功法，是意拳身法的重要練習手段，習練者要特別重視。手臂的上下、前後、左右以及運動中的上提、下按、前推、後拉都要與身體的前後、左右、起伏、相協調配合。

手臂向上，身體則向下；手臂前伸，身體則後靠。手與身體動作同步，而方向相反。意念和肢體方面講究神鬆、意緊、緩動、協調、自然。初練者應先掌握動作要領，再追求意念圓滿。先把前後上下的框架搭起來，再求圓潤。

神龜出水對後面的操拳、步法、推手、健舞等功法來說，都是重要的基礎，不全面掌握技術，後面的練習將會受到影響。

神龜出水對防治腰椎間盤突出、脊柱側彎、肩周炎等慢性病效果明顯，患者應在正確瞭解站樁、試力的基礎上，在專業老師的指點下進行練習。

第二節　摩擦步

內家武術對步法最為看重，有「教拳不教步，教步打師父」的說法。意拳步法練習種類很多，就實戰功用而言，現介紹幾種實用步法的練習，在練習中要遵循由鬆而輕、輕而至靈、靈而至活、活可莫測的內家拳步法原則。活是隨心所欲的體現，步活才能變化自如，快捷迅速。

實戰步法重於快，內家拳步法的快，是以鬆、輕、靈、活為先。自己與對手的遠近，攻擊角度的變換，位置的移動，空間的判斷，控制對手的先機，忽至突發，攻其不備，這些搏鬥中的關鍵均與步法的訓練和運用密切相關。

摩擦步是中國武術內家拳步法訓練的基礎功。訓練是要由慢到快，經過慢動、勻速動、快速動的階段。

【動作】

按站樁要求站定，兩手臂背於身後，兩拳虛握，拳背置於兩腰腎處，含胸坐胯，意氣下沉，左腳向左前方邁小半步，身體向左腳尖方向略轉，目視前方。左腳平踏，重心略前移，為前三後七，頭向上領勁，兩腿微屈，周身放鬆。

然後緩慢的向前移動重心，當兩腿承重達到五五時，身體及右腳前腳掌微微左移，身體重心繼續向左腳移動，待重心完全到左腳時，右腳緩慢抬起，不可太高，與地面仍有微小摩擦感，腳腕猶如掛物，開始方向為左方，經過

左腳裡側時，以左腳維持重心，身體向右微轉，右腳變為向右前方進小半步。按上述動作反覆練習，每次訓練應以10至15分鐘為宜。

【要點】

腳掌要平起平落，平行送重心，後腳不要猛蹬地。腳抬起的高度也可適當提高，但距地面的高度不要超過三寸。抬腳時身體意氣更要下沉，進步時身體應有向後的意念，不能向前傾。意念要有踏雪越泥之感，守丹處靜，慢快都以自然為先。

摩擦步是讓練習者習慣以整體帶動局部，在運動中不留明顯的機會給對方，雖不能直接運用於搏鬥，卻是實戰前不可缺少的基礎。

🚶 第三節　三角步

三角步因其腳步的進退移位的路線均為斜向連接而得名，為內家拳應用步法，在技擊上具有極高的實用價值。

三角步為快動步法，在練習和應用中可配以身法、拳法、腿法、肘擊等技術。意拳三角步脫胎於形意拳，動作迅猛，出人意料。後期配合身法，可做到瞻之在前，忽焉在後。

【準備勢】

左腳向左前方上一步，兩腳間距比肩略寬，左腳掌略向左外側。右腳掌隨左腳掌向內轉動，幅度與左腳掌相

同，與右膝蓋方向一致。身體隨左腳向左側扭轉，頭部也隨身體向左，眼睛看左腳尖所指的方向。

此時左腿在前，膝部微屈，向前有頂勁，切不可塌膝。右腿在後，膝關節彎曲度大於前腿，微微有內扣之意。坐胯，命門後頂，溜臀，頭正項直、下顎微收、含胸拔背。前後腿重心為後七前三。

三角步

兩手臂亦隨身體轉動，左手臂在前，右手臂在後，前手掌心向內，與頭部高度一致，肘關節彎曲大於90度，沉肩墜肘，肘要低於手。後手臂向內環抱，手掌心對準右胸前方，肘關節彎曲小於90度，沉肩墜肘，肘要低於手。

十指自然分開，微向內屈，掌心含虛。兩腋下含虛，雙臂如抱球狀。

【動作】

左腳向左前方邁進一步，同時右腳隨後跟進一步，左腳在前，右腳在後，兩腳相距約準備勢的一半，身子為左肩在前，右肩在後，手臂形狀不變。

站穩後，重心迅速前移至左腳，右腳為腳掌著地，腳跟虛空，然後身體向右前斜轉，同時右腳向右前方邁出一步，左腳亦隨之跟進，變為右腳在前，左腳在後，肩手變為右前左後，手臂形狀仍保持渾圓。

按上述動作兩邊反覆交替練習，要保持進步必跟，退步必隨的理念，在三角斜邊的狀態下，左右、進退自如。

【要點】

前腳不論進退橫走，後腳都要迅速跟隨，保持周身一體。在快速運動時，跟隨的腳都要前腳掌著地，以免重心不穩，定式後再調整重心，配以擊打時，亦要如此。

步法的變化要隨外在而變，應用時角度距離都要判斷清楚，練到進退自如時，即知「步無定位方得法，進退之奧變中求」的奧妙。後期每一步都要配合身法、操拳練習，實作時才能得心應手。

🏃 第四節 蛇行步

蛇形步在中華傳統武術技擊中佔有特殊的地位，很多拳種都有相應的技術，卻大多秘而不宣。它以進退按曲線軌跡運行，似蛇在行進中的身體移動軌跡的樣子而得名。

在意拳訓練體系中配合神龜出水運用，可以作為實戰中移形換影的基礎練習功法。

【準備勢】

左腳向左前方上一步，兩腳間距比肩略寬，左腳掌略向左外側。右腳掌隨左腳掌向內轉動，幅度與左腳掌相同，與右膝蓋方向一致。身體隨左腳向左側扭轉，頭部也隨身體向左，眼睛看左腳尖所指的方向。

此時左腿在前，膝部微屈，向前有頂勁，切不可塌膝。右腿在後，膝關節彎曲度大於前腿，微微有內扣之意。坐胯，命門後頂，溜臀，頭正項直、下顎微收、含胸拔背。前後腿重心為後七前三。

兩手臂亦隨身體轉動，左手臂在前，右手臂在後，前手掌心向內，與頭部高度一致，肘關節彎曲大於90度，沉肩墜肘，肘要低於手。

後手臂向內環抱，手掌心對準右胸前方，肘關節彎曲小於90度，沉肩墜肘，肘要低於手。

十指自然分開，微向內屈，掌心含虛。兩腋下含虛，雙臂如抱球狀。

【動作】

左腳向左前方進一小步，右腳跟隨左腳，當左腳著地後，右腳剛好行進到左腳內側，兩腳接近併攏時，右腳不落地轉向右前方行進一步，同時身體略右轉，目光平視目標不變，當右腳落地時，左腳隨之向右前方跟進，當左腳行進到右腳內側，兩腳接近併攏時，左腳不落地轉向左前方行進一步，同時身體略左轉，目光平視目標不變。當左腳著地後，右腳重複前面動作，週而復始，反覆練習。

蛇形步後退練習也是遵循左右跟步的練習原則，要注意的是，練習後地面會留下之字形的印記。

【要點】

行進中有曲線原則，這個原則是不變的，以後根據這個原則可加入變換身位，轉向等練習。跟步兩腳併攏時注意不要停頓。

初練者可以先緩慢練習，逐漸加快速度。手上配合步法可以做緩慢操拳或者試力。

蛇行步1

蛇行步2

第 六 章

意拳發力訓練

意拳的發力有一整套實用的訓練方法。意拳將發力訓練單獨作為一種的重要訓練手段，這是其他拳種所不具備的，意拳發力以整體力為前提，以實用為主旨，杜絕無用的局部發力和表演性發力。

意拳發力訓練分為整體性發力訓練和丹田內爆發力訓練，然後將兩種發力進行組合，就可以實際運用。

意拳發力和外家拳的力量鍛鍊有本質的區別。它是人體的先天本能力，而不是靠後天形成的體育機械力。意拳拳理是先養後練，先蓄後發。站樁試力都是養氣，養氣就像是存錢，發力就像是花錢，蓄的越多，花的越爽，如果前面功法練的不夠，發力就是無根之萍。

站樁功法是養先天元氣，氣貫帶脈，衛氣充盈，為丹田內爆發力訓練打下基礎。

試力練習是要體會身體和自然的關係，腳下產生黏著感，能藉助地面的反作用力，產生三七到二五的整體感，為周身整體發力訓練打下基礎。站樁試力是養，發力為用，這就是拳理說的「養而為用」。

第一節　整體發力訓練

太極拳理說「力起於足，行於腿，主宰於腰，達於手」，這個是整體力產生的至理，所有整體發力的方法都在裡面了。可惜現在練太極拳的人大多搞不明白。

閒話不多說，回到意拳，整體發力就是腳藉助地面的反作用力，經過腿的蹬地，腰的連接傳遞（現在明白為啥

叫你站樁試力時命門後頂的吧，折腰和塌腰都不能傳力。）直接到達手指發出。

這裡面沒說肩、肘吧？肩是不能用於傳力的，肘要靠腰直接傳力，所以要沉肩墜肘。當然，整體力不一定要傳到手，哪裡使用就到哪裡，訓練時先到手指。

意拳整體發力訓練方法有空發和定步實發兩種，經過教學實踐，我認為定步實發效果最好，上功最快，所以這裡介紹定步實發為主，活步發力請見後面文章活步操拳。

在訓練時，先請一位搭檔，以弓步站好，上身正面對我，兩手臂成圓，環抱置於胸前，用力繃緊。

我以丁八步前後試力間架站好，面對搭檔，手指輕搭於對方兩手小臂或肘部。沉肩墜肘，含胸，然後以前後試力的方法，後腳蹬地將重心前移，其他身體位置均不變，當重心接近二五時，周身一緊，手掌根部吐勁，合於對手手臂。然後放鬆回於三七狀態，週而復始練習。

意拳「力由試出」，試力是基礎，發力是用，兩者是有直接的關係的。但兩者之間還是有一定差異的，試力時要越慢越好，發力時要均勻而快速，動作由慢到急，速度產生變化而腳下仍然是二爭力不變。

試力時身體是放鬆為主，發力時身體卻有鬆緊變化，鬆蓄緊發。體外矛盾試力時動作幅度大，發力時動作幅度小，動作可以開展，發力動作要緊湊。但整體的原則是不變的。

最後腳下的力透過傳遞，要合於搭檔手臂著力點上，動作由鬆而緊，由慢而快。感覺整體向前撞為佳。動作周

身協調，手臂不能前推，杜絕用手臂力或者用肩頂力。手臂的彎曲度在整個發力過程裡一直不變。

意念如老僧撞鐘，我既不是老僧也不是鐘，而是撞鐘的杵，整體移動，無意無思而聲震幽谷。

第二節　丹田內爆發力訓練

前面說過，站椿養元氣就是丹田內爆發力的基礎。內家拳認為，人體有兩個力源：

一個是藉助地面形成的反作用力，老子說「反者道之動」，就是這個意思。

另一個力源來源於氣的鼓盪，元氣充盈後，氣貫帶脈，然後充實衛氣，周身氣機鼓盪，氣滿自發，這就是丹

意拳發力訓練1

田內爆發力的原理。

　　丹田內爆發力首重意念的鬆緊關係。意鬆則體鬆，意緊則身緊，身體放鬆為長蓄的狀態，身體緊為驟然使用的功夫。所以神聚而有備，意鬆而有蓄，意氣驟合而為用。

　　在訓練時，還是先請一位搭檔，以弓步站好，上身正面對我，兩手臂成圓，環抱置於胸前，用力繃緊。

　　我以丁八步前後試力間架站好，面對搭檔，手指輕搭於對方兩手小臂或肘部。沉肩墜肘，含胸，然後以前後試力的方法移動重心。

　　整個過程短促，同時丹田向外鼓盪，口鼻用試聲的方法發音，周身合於一點，掌根吐勁發出。掌根吐勁要與帶脈鼓盪同時進行，意念驟然一緊，然後瞬間放鬆。

　　丹田內爆發力訓練與整體發力訓練最大的不同在於受

意拳發力訓練2

力人的感覺。整體發力後對方的感覺是受到整體衝擊，後果可能是向後退步或者前後搖動。

丹田內爆發力後，對方感覺是受到整體震動，後果是原地震盪，尤其是後腦和胸口受到震動，身體可能向前衝俯。兩者在動作上要注意分別，整體發力是由慢到快，丹田內爆是瞬間完成，前提都是放鬆。

兩種發力訓練一段時間後，要將兩種發力方法進行結合，進行整體內爆發力訓練。就是既要注重整體移動，保持三七和二五的關係，藉助地面的反作用力，形成整體的衝擊力。又要同時周身一緊，丹田鼓盪外放，在接觸點形成爆炸力。從效果上看，對手不但要被衝撞後退，還要感到內在受到震動。

意拳的發力是以鬆為本，身形微動而力驟發，氣內蓄而出驚炸，感覺對手有點即發。不要進行前面的意念誘導訓練，那就容易慢了。意拳的訓練體系都在於恢復人體的自然本能。發力訓練也是要恢復人體內本來就存在的發力本能，就好比是冷水一澆，周身冷戰，這就是人體本能發力的反應。以神控意，以意為用，周身無處不鬆，才能無處不彈簧。

意拳的發力要形成上、下、前、後、左、右、正、斜等方向皆可隨意發出，後期配合身法、步法、操拳，加以螺旋、扭轉、變線等技法，最終達到健身自衛的目的。

第七章

意拳推手

🏃 第一節　意拳推手技法的功用

提起推手，大多人都會首先想起太極拳。沒錯，太極拳推手是太極拳能否走向實戰的重要訓練手段。

但要注意的是推手不等於實戰，你如果誤把推手作為太極拳終極的技擊手段去用到和人對打上，那就會很悲劇了。

推手不單是太極拳的訓練過程，內家拳幾乎都有搭手或者問手的訓練方法，其實都是推手技術。意拳也把推手作為通往實戰，檢驗功夫的重要功法。

這裡引用我以前寫太極拳系列文章中給推手下的定義：

「太極推手是運用太極拳的實用技巧和原理進行模擬實戰的形式和方法。它是建立在不用護具的狀態下，充分運用太極拳的陰陽轉換運動和摔、拿、打、鎖等技術的技擊方法，具有安全性和實用性的特點。」

這裡將太極拳改成內家拳，道理和定義完全相通。

太極推手是檢驗太極拳拳架的標準。意拳推手除了檢驗前面整體勁、身法、步法等功法的練習成果外，更是將臨敵意識訓練由抽象變為具體，是邁向實作的重要階段。

練習內家拳推手都要以實戰作為目的，可又不等同於實戰，它是在安全的前提下，對內家拳獨特的技擊方法在實用上的實際體驗，並訓練出內家拳四種獨特的技擊用法。四種技擊用法分別是聽、控（黏）、定、發。

聽

勁因聽而明，聽勁就是偵查，判斷並作出相應的反應。聽勁不光是用耳聽、眼觀來瞭解交手時，周邊及對手的狀態，還要瞭解周身肌膚觸覺的感知變化。

在推手時由觸覺判定對手勁路的大小、快慢、方向，並能作出相應的反應，這種感覺就是聽勁。

內家拳對聽勁的要求基本相同，在細節處理上，太極拳注重聽面，由面到點，再由點到面，控其一點、制其全身，更加細膩入微。

當然上來就猛頂的推手方式不算。意拳更注重聽點，透過變點來控制對手中線，技術上好像比較粗糙，但更加迅捷直接。

要注意聽勁是靠身體內在的本能去聽，求身體最自然的本能反應，而不是勉強自己去硬聽，這會讓意念過緊。

聽勁的練習，除了由站樁和試力來感知內在和外在自然環境的變化外，雙人對抗性、餵勁性推手等方法是最佳的練習手段。

與人推手時由於雙方肌膚接觸，就可以由接觸點來感受彼此力的變化，再採取適當的方法予以解決出現的問題。

在推手練習聽勁時要求全身肌肉、關節鬆沉，而不要有絲毫拙力，周身運動要求勻整，適當加入身法、步法。

這樣才能透過逐步的觸覺練習，使全身感覺和反應日趨敏銳，達到微感即知的地步。

控（黏）

黏是推手中的黏勁，太極拳的技擊核心是黏，黏是控制之意，而控是意拳推手的技擊要點。

太極拳黏勁的關鍵在於用我之意控制對手之意，我的意念始終在對手的意念前面，使對手發出的勁如進如一團漿糊中，處處被纏繞封堵，有力不得施展，正如拳論中說的「我順人背謂之黏」，讓對手越急越背，最後被制。

而意拳是在對手失去先機時，就用整勁對對手進行控制了。意拳推手的訣竅在於變點，太極拳是讓對手進來以後進行控制；意拳是對手一頂，馬上變點要對手中線。控制中線是兩種拳法的共識，不同的是在時機的把握上，太極拳更求完美，意拳覺得能用就可以了，不要想得太美。

變點時自己中線一藏，就可以去控制對手了。這裡藏中也就是守中，意拳要由身法和步法來完成，技術上比太極拳粗糙，卻更高效。黏控勁在對手將發未發，將展未展時就要提前運用，這時最為有效。運用時要鬆要整，要輕重適度。

聽是控的先決條件，在激烈的實戰打鬥中，判斷對手的攻擊路線、間距，以及中線的位置，是決定能否控制對手的關鍵。

和太極拳不同，意拳推手一開始練習就是活步，也就是要利用步法控住對方中線，造成對方不能走化的局面，這樣才能處處看死對手的中，拿住對手的背勢，處處提前，處處主動。

定

定就是不動。這是意拳透過推手要練習的一種技擊特點。就是將對手定住再打。

在兩人練習推手時，自己控制住了對手中線，使對手達到瞬間身體靜止狀態，這就形成了主動定住對手的局面。太極拳是引進使對手落空，達到對手失重，進而控制對手。意拳是由變點，讓對手意識落空，對手勁還不知向哪裡去，所以定住身體暴露中線。用聽來感知，用控來斷意，然後定住對手，定後才能發。

定對手時有些老師喜歡用力壓住對手，這是有問題的方法。靜止是運動後產生的瞬間，一定是接觸後的變點，所以定是變化中求得控，控使對手整體靜止，對手定我就可以發。

發

發是發放也是發勁。需要注意的是，意拳的發不是推。太極拳很多朋友認為推手嘛，肯定要推對手才行啊。意拳推手這裡練的功夫和太極拳推手不同。太極拳推手的發放是引進落空後，順著或引偏對手的來力，利用加速度或旋轉的離心力將對手拋擲出去，或是順勢借力而行，使對手的力完全落空產生背勢時，來幫助對手重心失重，然後進行整體的推、撞攻擊。也就是太極拳推手的主要練習目的是聽勁和黏控。

推和撞在實戰時基本難以應用，因為推就不是太極拳

推手的練習目的，只是練習黏勁的手段，把推帶入實戰是錯誤的，所以太極拳練習散手時要忘記推手的一些技法才行。

意拳推手是立足散手應用，所以意拳發放是採取操拳的動作技術，運用整體的發勁方法，在確保對手安全的情況下做出正確的技擊反應。對方一旦被定住，這時就叫做魂不守舍，被放空了，這一瞬間的擊打效果是非常有效的。拳諺說「打人如釘釘」就是這個意思。

這一篇用了很多太極拳理來做類比，是因為太極拳推手拳理高深細微，但誤練很多，目的不清，致使功效不大。為防止意拳推手誤入推拉糾纏的怪圈，以此警戒自己。

第二節　意拳單推手

意拳單推手是前期單人練習過渡到雙人配合練習的入門功法。

意拳練習者不能空想實戰，要由推手來檢驗前期的練功成果，為下一階段進入斷手訓練做好準備。

單推手功法，是練習雙方按要求相對站立，以單手接觸對方腕及小臂部位，進行推手功訓練的功法形式，即一方出右手，另一方也出右手接點，互相推手的試力功法。

可以定步也可以活步練習，筆者比較傾向於活步單推，因為定步容易產生頂牛，也容易用局部運動來代替整體運動。

【功法要領】

雙方做單推手接點搭手，兩人相對按丁八步右腳前式站立，準備式兩人右前腳基本在一條橫線上，兩人右腳內側相距約半尺，兩人用右手腕後的小臂前部相互接觸，接觸點的力量不可過大；然後兩人在小臂接觸中，一人向前作，另一人向後承力，同時作橢圓形的弧形動作。

習練者由圓的轉換需要知道中線是哪裡，要找到和推到對手的中線，並保護好自己的中線。

這裡可以適當加入身法和步法，來維持自己的重心，在遵守整體運動不硬頂來力的基礎上，運用腰胯的轉動和重心的轉換來隱藏自身中線不被對手控制。透過以腰胯為軸的轉動將來力化開並反控制對方的中線。

為保護好身體中線，這時也可以適當加入操拳技術，如栽拳的蛇纏肘就是單推手時可以練習的技法。

單推手是意拳推手的基本功，它看起來簡單，卻需要練習者從無數次轉換中細細體會對方的勁路，同時保持自己的渾圓狀態不被破壞。

【意念活動】

意拳一切功法都離不開意念活動，推手也不例外。

意念由接觸點感知對手的活動，如對方的力量大小、力量方向、動作方向、虛實、快慢如何，有無變化等等。意念要鎖定對手中線，在接觸中，應多注重體認對方之勁力與自己勁力之間的關係，利用槓桿變點後攻擊對方中線。

【特點要求】

兩人的接觸點無論向前、後、左、右任何方向的動作，其接點的頂勁力量大小不能改變，渾圓狀態不能改變，間架結構的均整度不能改變。接觸點可以適當緊張，點緊面鬆是意拳推手的特點。

盡量做勻速運動，身體不能歪曲和扭動，轉動時整體而不是局部。將試力的三七、二五關係帶入雙人練習，保證形不破體、力不出尖。

意拳單推手1

意拳單推手2

意拳單推手3

第三節　意拳雙推手

意拳的雙推手採取活步對練方式，基本手法是操拳的圈捶。

在正式練習雙推手之前，可以進行活步操拳圈捶加入身法的試力練習，動作均勻緩慢，整體一致後再開始練習，這樣更容易掌握技術要領。

【功法要領】

雙方相對而立，各上一步，以丁八步為基本步。一手臂在上，一手臂在下，對方也是如此。左手小臂與對方右小臂相搭，右手小臂與對手左手小臂相搭，兩拳虛握，也可自然張開，但要意達四稍。

注意兩人都是一手在裡，一手在外。接觸後，兩人可向裡側做畫圈的弧形運動，同時身法和步法做相應的配合和變化。雙推手初期開始訓練時，要按一定路線，做弧形的打輪運動，在步法上配合進退步，身法上運用爭力，可參考神龜出水的小幅動作。

整體運動，周身動作均勻緩慢，接觸點不可用僵力。要從兩人均勻的運動中體會整體的渾圓狀態。然後逐漸加入操拳的攻擊技法、步法的走化、配合身法的閃進等。開始加入對抗意識，這時操拳的各種應用技術在小臂相接的情況下，均可嘗試運用，左右手還可以加入前撞、下掛、上撐、上勾、斜挑、驚彈、上頂、下按等技法。

步法上除了進退步還要逐漸體會橫走、斜進、跟步、扣擺、環繞等。

發勁上要配合操拳、身法和步法，根據角度變化逐步體會，如前期練習的進退發力、上下鈎掛、左右橫帶等都可透過雙推手進行檢驗。

【意念活動】

無人做有人、有人當無人，意念中多注意手法、身法、步法的協調一致、均勻鬆整。意足氣充，飽滿如巨人。

【特點要求】

不可以出現硬頂，不可以出現停滯和蠻力。意拳技擊是恢復人體先天防衛本能的功夫，如出現後天的局部力勢必會影響本能整體勁變化技術的發揮。

步法的配合在雙推手最為重要，距離遠近、角度調整、位置轉移、攻防轉換、速度變化都在步法的運用之中。我對學生步法的訓練主要放在雙推手訓練時進行，就是讓學生明白練以為用的道理。自己練一百遍，不如一次應用。

雙手的前拉後掛，左右撐合，身法裡的偏後取中、斜閃橫打、下藏上封等用法也要在推手中進行體會。

雙推手可分輸贏，可也不要太在意輸贏。推手的主要目的還是以感覺體用為主。推手是讓練用合一的過程，所以在裡面找東西，找感覺，找不足才是正確的。

意拳雙推手

第 八 章

意拳操拳

第一節　蟄龍探首（直拳）

　　現代人一看直、擺、勾就說是拳擊或者散打、泰拳、現代搏擊，反正你們傳統武術是沒有的。這個認知是不瞭解中華武術，尤其是內家拳。內家拳講究的是恢復人體的搏擊本能，所以一切適合搏鬥的動作在意拳體系裡都是包含的，如果說和現代搏擊有什麼區別的話，就是更強調整體勁、更注重養練結合。

　　意拳的操拳訓練體系，是對各種技擊本能的動作，進行均整的二爭力展開演練。無論習練者擅長什麼拳式，均可按爭力的要求加入練習，以達到練以致用的目的。

　　操拳的每一個動作都是從試力功法逐步過渡而來的。比如意拳直拳就是前後試力的展開，這時身體要求更加舒展，但周身爭力不變。

　　剛開始練習操拳一定由慢到快，由定步到活步，每一拳都要神、意、氣、形、聲、勁具備，要將靈活、均整、變換、鬆彈、凶猛融為一體，將前面練習的間架、發力、步法、身法有效貫通，發揮人體搏鬥潛能，利用操拳的手法，反覆練習，形成自然反應，達到有意操拳、無意而用的境界。

【蟄龍探首】

　　直拳是各種技擊術在實戰時運用比較多的方式，王薌齋先生也將直拳納入到意拳操拳訓練體系中。

　　蟄龍探首在操拳訓練手法上就是直拳，實用時也可作為手指直插或彈打進行運用。

　　意拳的直拳因為是在渾圓狀態下進行的攻擊，所以是一種接近直線的弧形運動，是可以運用在防禦和纏打情況下的。

　　意拳的攻擊，都要求在渾圓狀態下的圓內進行，就是在練習中是不可以出現失重也就是出圈的情況。

【動作間架】

　　在技擊樁的間架下，從手開始的位置到目標點，不能有回收的動作，要在兩點之間運動。

　　不論是慢練還是快練，力都要起於足，藉助腰部的微轉催動到拳面。

　　兩臂要形成對拉，前後力相等，一拳擊出時，另一拳要回撤防守，距離要求與攻擊距離相等。擊打前，兩手要適度放鬆，到達目標的瞬間才握緊。

　　意拳直拳攻擊路線不要過長，越短髮力越強，訓練時要以發寸勁為主，兩肘彎曲的弧度大於90度，最大不超過180度，以前腳尖為界限，注意形不破體，力不出尖。步法採用三角步或者蛇形步，適當加入身法，移動時要整體移動，迅速快捷。不能拖泥帶水。

【精神假借】

　　意拳操拳是技擊樁的意念誘導後的動功體驗，所以精神假借與矛盾樁、托嬰樁等技擊樁相同。三尺之外、五尺之內與毒蛇猛獸爭生存，與強敵爭勝負。假借敵人攻擊，

微動我即反擊，體驗精神與動作相結合。

【注意要領】

要注意發力的整體性，出拳時要與相應的腰胯腳相合。在擊打後要有整體彈性，打完就放鬆，回撤時靠彈性原路返回，要保持而不能破壞原來的間架。定步練習時要注意兩腳間的虛實轉換，掌握好爭力關係。

直拳1

直拳2

🏃 第二節　圈捶（側擺拳）

圈捶是雙臂成圓，雙拳分別向身體裡側做弧形揮拳，動作近似現代格鬥的側擺拳。

【動作間架】

按技擊樁中的矛盾樁站位，雙拳慢慢虛握成拳。一拳從外向裡以整體力向想像中對手的臉部攻擊，另一拳先向裡合呼應，待出擊的拳快到中線時，經外側向裡側，向假想敵的另一側臉部做環形攻擊。

定步練習時，動作可以由慢到快，從體會左右爭力過渡到發力擊打。雙拳路線成環形，開始練習時可做的舒展些，但實用時圓就不易過大。攻擊的拳到中線即放鬆藉助身體的擺動自然向裡後撤，另一拳隨之擊出。雙拳藉助身法，交替揮擊，循環往復。定步時要以左右試力為基礎，感覺腳下的爭力開合。活步時要配合意拳各個步法，體會拳和步子的整體配合。

【精神假借】

精神假借與技擊樁相同，前手揮擊時，不但要假想攻擊，還要假想防禦，扣壓擊打對手進攻的手臂，然後以後手猛擊對手頭部。反之亦然。

【注意要領】

鬆緊要得當，鬆為蓄，緊為發。不管是鬆還是緊，雙

拳乃至周身都要一致。體會圈里的開合，處處不能脫離二
爭力。揮拳時上身要正，身體擺動時以腰胯帶動，不能前
趴後仰。雙拳都是在自身間架的圓內側做切線弧度運行，
動作盡量不到外圈。形不破體、力不出尖。

圈捶1

圈捶2

🏃 第三節　坐地起火（勾拳）

王薌齋先生認為坐地起火就是鑽拳打法，但他同時指出意拳的鑽拳和形意拳的鑽拳有根本上的不同。

意拳的鑽拳從動作上來說，與形意拳的鑽拳已經完全不同，再稱為鑽拳會讓同時學習兩種拳術的朋友混淆。

從外形上它反倒與現代搏擊中的勾拳路線比較接近，只是單式練習時動作幅度比較大，為了便於學生記憶，我在教學中稱為勾拳或者坐地起火，我覺得這樣更為形象貼切。

【動作間架】

以左技擊樁間架為準備式，凝神待發。雙手緩緩握拳，前手下沉，手臂外旋。肘貼近肋骨與前胯相合，拳心向上。後手臂外旋，拳心微向外，肘微揚，但不可高於肩。這時重心仍保持前三後七，前手虛握拳，以腰胯力，向上擊出，起前胯重心微後移，注意這時前胯不能頂死。

動作不停，前胯放鬆下沉，後手與後胯相合，向上擊出，同時重心前移至五五，前手臂改為外旋，與前面後手的動作一致。交替練習，如後期加上步法，注意前後手腰胯的變化。

意拳的勾拳是沿間架圓的邊沿進行的由下向上的圓弧擊打動作。在技擊樁的間架下，力還是由腳發出，擊出的拳與腰胯相合，由下向上擊打，腰胯空間動多少，拳打出

的距離就多少，拳勁要藏在腰裡，腰胯發力時也千萬不要頂，要形成彈性力，擊打完就放鬆收回，恢復原狀。

擊出的拳以自己為參照物，不能超過自己的下巴，另一隻手與擊出的手形成上下相爭的狀態，距離和作用力都要相等。

【意念假借】

意念假借同前面技擊椿，想像對手猛攻過來，我讓過對手鋒芒，閃進到對手圈內，猛擊對手下顎、心口等部位。

【注意要點】

雙拳轉換時要注意相合相爭，不留空隙死角。定步練習時要注意兩腳間的虛實轉換，周身要盡量放鬆，到落點時要積柔成剛，體會開合關係。活步時，無論進退斜走，定步的勁路是不變的。

坐地起火是上下試力的展開式，練習時多體會上下爭力，要感到周身無處不彈簧。

坐地起火1

坐地起火2

🚶 第四節　栽拳

栽拳是意拳特有的拳術，是完美詮釋意拳整體力「打人如訂釘」的應用技術。說到栽拳我其實很矛盾，因為學拳時師父一再告誡栽拳不能輕用輕傳，因為沒有緩衝力，打上傷人太重。平時師兄弟有條件實作時，師父也不允許使用栽拳擊打。

寫文章到這裡是詳細介紹，使大家能盡量瞭解掌握這個意拳絕技，還是遵守師命籠統介紹點到即止，這是讓我矛盾的地方。

想想還是盡量正常記錄為好，畢竟本來傳武真東西就少，再掖著藏著，就更讓人迷糊了。別人要殺人也不能怪賣菜刀的。

栽拳是沿間架圓的邊沿進行的由上向斜下方利用體重加整體勁的圓弧擊打動作。

也就是說發力時要藉助體重鬆打栽實，才能「打人如訂釘」。

【間架動作】

在技擊樁的間架下，擊打時兩肘彎曲度要成90度角，如左拳擊出，方向為右腳下，右手斜向上挑，形成上下左右相爭；右拳擊出，要向左腳下發力。左手斜向上挑，形成上下左右相爭。

擊出的拳以自己的腹部為界限，不能超過，上挑的手

以守護相對應的臉部為宜。擊打前，兩手要適度放鬆，到達目標的瞬間才握緊。

【意念假借】

意念與技擊樁相同。假借近身對敵，以內圈打擊為主，假設前手扣、掛、封、挑，破壞對手的間架，同時後手向下栽打。

這時前手的動作要與後手的向下栽打相爭配合。決不能單獨分一二應用。在近身後，前手要發揮控制、封堵的作用，這是後手下載打擊能否有效的前提。

【注意要點】

雙拳轉換時要注意相合相爭，不留空隙死角，左右式交替練習。配合三角步進行前後左右各方位的練習，體會借體重慣性發出的整體打擊力。

栽拳1

栽拳2

第五節　削掌

意拳的主要掌法有削掌和塌掌，我認為是借鑒了八卦掌的技擊動作，加上勻整的勁路，形成了意拳自己的技術風格。

削掌是沿間架圓的邊沿進行由裡向外橫向揮動的擊打動作，以掌鋒（或稱手刀）的削、切為攻擊手段，向對手斜上位進擊，掌心向下，應用時，力點為小指根部至小臂外側。

【間架動作】

在技擊樁的間架下，如左手應用時，應先向身體右側隨腰微扭動，然後以腳發力，腰胯的扭動帶動左手臂向外斜上方揮動擊出。

同時右手應隨腰擺動至左側，守護臉部。右掌應用時亦然，只方向不同。應用時雙手相爭，周身各部位相合相爭。練習時以身體腳的邊緣為界限，形不破體，力不出尖。

活步練習時，運用三角步或蛇形步，左右斜走近身斜打，攻擊對手左右側頭頸部。削掌盡量進行活步練習，或者雙人對練這樣在應用時，敵進我才能習慣斜上步而進，搶偏擊中。（我在練習八卦掌時，削掌是必須單獨拿出來拆招，因為敵進我進容易理解，但敵進中我走斜線進擊，時機把握上不容易做到。）

【意念假借】

意拳操拳練習，意念應以技擊為主，練習時，精神假借與敵生死相搏，擊必中，發必達，豎立必勝的信心，心念放鬆，意氣充足，周身開合自如，相爭相合，心身合一，心念一起，身上就要做到，上擊、下砸、前打、後撞盡在樁的範圍內進行。出是打，收也是打，上下左右前後，八方六面圓轉自然，因敵而變，應敵而擊，練以致用，學者自知。

【注意要點】

攻擊時要與假想敵或者對手形成以斜對正的位置關係。動作要點在於進步、擰身、扣步完整一氣，出掌時要以身帶臂，周身協調，斜中寓正才能形成整體勁。

訓練時可配合身法和步法加大難度，如轉身步、大弧形扣擺步、退步等。一手擊打，另一手為接手，用來拍開、打開對手的手臂或身體，還可以做基本的防守。

削掌1

削掌2

🚶 第六節　塌掌

學習八卦掌時，老師就教導說這式是用來敗中求勝、防守反擊的招數。後來學習意拳操拳就知道了，我意在敵先，什麼拳式都是後發制人、防守反擊，對手意念一動，我就出手了，肯定看得住對手的中線。有的意拳傳人將塌掌化為兩掌，分出去一個按掌，這也沒問題，意拳只要掌握了核心，多幾個動作拳式沒關係的。

我覺得從方向、用法、勁路上看，都是一樣的，這裡把他們都統一成一個拳式。

塌掌也叫掖掌，身形、掌根下塌吐勁，閃身向下方掖出，叫什麼不重要。

【間架動作】

左腳在前，右腳在後，形成左矛盾樁間架作為準備式，上半身重心後靠並微向右側身，同時左掌外翻，借身體旋轉的力量，掌根發力向前斜下方撞出，左手臂隨左掌旋轉向前，肘關節伸展接近180度。同時右手回拉至左下顎處回防，掌心向裡，右手臂肘關節小於90度。

上動不停，重心前移到二五，上半身向左側微轉，同時右掌外翻，借身體旋轉的力量，掌根發力向前斜下方撞出，右手臂隨右掌旋轉向前，肘關節伸展接近180度。同時左手回拉至右下顎處回防，掌心向裡，左手臂肘關節小於90度。這就是定步左右塌掌的練習方法。

擊出的手臂不能完全伸直，要保留弧度彈性。上半身旋轉時，以腰胯不頂為標準。

擊出的掌目標位為對手的胸腹，當然你說實戰時，就用這個擊打對手頭部，當然也可以，前提是對手攻擊比較貪，動作出尖；還有就是對手比你矮。

練習時多練活步，個人覺得左右橫步和退步配合左右塌掌效果比較好。

【意念假借】

假借對敵時，後靠避敵鋒芒，一手防禦，一手順勢掀出，體會勁力由上向斜下方傳遞，意在掌根撞擊對手，兩手形成爭力對拉，身斜而勁正。

慢練時體會兩手對拉與兩腳在地面對拉的相合點，上身幅度大於腳下爭力，可又不能過，這裡面的意識要細細感覺。

【注意要點】

除了前面提到的，這個動作在應用上最重要的是借勢。敵不出尖不能用，要借來勢得機進行反擊。

對手好像得勢，我卻利用得機而發，使對手難料，發而必中，得勢進而追擊。

塌掌1

塌掌2

第七節　摟手扇（大擺拳）

摟手扇是意拳大擺拳的打法，是恢復人體先天格鬥本能的代表動作，通俗的說就是掄圓的大耳光。

【間架動作】

間架還是以技擊樁為準備式。動作基本上與圈捶相同，只是動作更加舒展，攻擊路線更長，雙拳變為掌，力量貫穿到整個掌部，擊打目標為對手耳根和腮部。當然用拳也是可以的，只是摟手的動作以掌為好。

摟手扇是沿混圓的邊沿進行的橫向圓弧擊打動作。在技擊樁的間架下，擊出的拳沿圓的邊沿向對手側面進攻，另一隻手對應裡合，形成左右相爭。從手開始的位置到目標點，不能有回收的動作，要在兩點之間運動。不論是慢練還是快練，力都要起於足，藉助腰部的微轉催動到拳面或掌根。

擊打時動作以自己的中線為準，進攻的拳面不能超過自己的身體中線，以免露出空隙。擊打前，兩手要適度放鬆，到達目標的瞬間才發力。

訓練時要以發寸勁為主，兩肘彎曲的弧度大於90度，最大不超過180度，注意形不破體，力不出尖。

【意念假借】

意念對敵上同技擊樁，就是運用整體力量扇對手耳光。但要假借對手來勢合理的運用摟手，初學者常常注重

扇，而忽略了摟手的防。

　　摟手是重要的技擊動作，他可以在運動中破壞對手進攻路線，破壞對手的整體性，使後面的扇發揮作用。我們都知道大擺拳的進攻路線長於直拳，容易被對手截斷，所以在精神假借與對手進行攻防練習時，要形成揮浪狀態，一波未完，一波又起，循環往復，攻守兼備。

【注意要點】

　　要注意發力的整體性，出拳時要與相應的腰胯步法相合。在擊打後要有整體彈性，打完就放鬆，回撤時靠彈性原路返回，要保持而不能破壞原來的間架。

　　定步練習時要注意兩腳間的虛實轉換，周身要盡量放鬆，到落點時要化柔成剛，體會整體扇耳光的快感。

摟手扇1

摟手扇2

🚶 第八節　穿襠腳

　　意拳操拳訓練系統中，也有腿法。意拳的腿法遵循傳統武術中的「抬腿半邊空」和「好腿不過膝」理論基礎。以注重實用為先。

　　在意拳的實戰理論體系裡，腿腳的主要功能是由步法來控制距離、進退、角度、傳導反作用力和速度的變化。所以意拳的腿法主要是低腿，以腳踩、膝頂、彈撞等技擊方法為體用，他的代表腿法就是穿襠腳。

　　穿襠腳在傳統武術的實戰腿法中佔有很高地位，歷來為拳家所重，不肯輕傳。

　　意拳的穿襠腳在心意拳刮地風、形意拳腳法的基礎上，在不影響拳法運用的狀態下，突出整體性和中線意識，形成了自己的風格。

【間架動作】

　　練習時以正面渾圓樁抱架。攻擊的腳抬起，靠近另一條腿膝下的腳踝處向前，膝蓋由中線向對手下陰撞擊或者腳尖向對手膝蓋、小腿等部位猛踢。

　　意念在進攻的腳尖，腳踝處繃緊，周身發勁，要控制踢的幅度，不能過大產生失重。不能出現腿腳的局部力，動作完整一氣，迅速果斷。

　　向前落地後，另一隻腳迅速抬起，反覆練習。向前進步練習後，還要練習直線退步腳法運用。

【意念假借】

這種腳法在實戰中利於近戰，要與其他拳法配合，手攻上，腳擊下，以心意控制其形，以手亂其勢，意力合於一點，貫力於腳，出暗腿攻擊，要求發力要快，動作要狠，中骨骨斷，中陰人亡。

後期練習時還要加上手上的試力變化，技擊樁的意念感應。

【注意要點】

穿襠腳在意拳操拳腿法中，實用價值極高，但要求也很高。

首先在練習時，上身要保持端正不動，踢、抬、進退都不可晃動，這是要保持出腳的隱蔽性，也為後期斷手的手打、腳踢協調配合做準備。

除了進退步還要與三角步法配合練習，進退橫走都能運用自如，才算功成。

穿襠腳

🏃 第九節　踩子腳

踩子腳顧名思義，就是在進擊中用腳由上往下的踩擊。心意要重、快、狠、準。

【間架動作】

先以技擊矛盾樁抱架，後腳迅速抬起至另一腿小腿接近膝蓋處。然後向下落，落地前要由上往下猶如踩腳般踩踏，意在傷其對手腳面腳趾。同時上身變成渾圓樁抱架，落地後微移重心，剛落地的腳向前進一步，形成矛盾樁，然後進行反向練習。

退步練習時，先收前腳。橫向練習時，上身始終以渾圓樁抱架。後期配合手部試力練習。

【精神假借】

在實戰中利於近戰，手攻上，腳擊下，以心意控制其形，以手亂其勢，暗發踩踩，以後腳跟為力點，由上往斜下猛擊對手腳部，造成對手腳部疼痛，難以維持平衡，然後以拳法猛擊對手。

在遇危及生命的歹徒時，應猛攻其腳趾，置其斷傷，交流時應慎用。

【注意要點】

練習時在接觸地面的一瞬間要防鬆，不能用僵硬彎力，會對身體造成傷害，整體雖然要求猛落，但要及時剎

車，只要感覺控制腳和身體使其勻整即可。抬膝時意念要有前頂的目標，但不能影響上半身的平衡。出擊而不露形，抬腳而身不動。

意拳的腿法在幾代傳人的努力下，其實還有好幾種技法，但我認為都大同小異，化繁為簡是意拳初心，所以只選這兩種最具代表性的介紹給大家，練法上可能與一些老師所傳有所不同，只是依據個人體會有所取捨，純粹個人喜好和經驗，如有小疵與我師父無關。

跺子腳

第十節　鬼手斷

「學會鬼手斷，天下英雄打一半」，意拳操拳的最後一講。

作為後面斷手的重要技擊動作的鬼手斷，一般老師都會在有條件實作時進行講解，但經過教學實踐，我認為有必要提前在操拳時就進行單式練習，這樣有助於動作的協調規範。

鬼手斷又稱鬼扯鑽，歸扯斷，到底是那幾個字不重要，就像我學詠春拳時，問教練這是什麼派的詠春拳，香港教練用粵語回答：「管他咩春呢，好用唔得。」

鬼手斷源自形意拳的單馬形，左右反覆練習時就是形意拳的連環馬。

【間架動作】

以左技擊樁為準備式，假想對手向我進攻，一瞬間兩手變虛握拳，以前手對來敵的進攻間架做出撕、扯、壓、封等動作，一般拳心向外下方，曲臂外翻。同時借前手封壓的反作用力，兩腳尖踮起，兩腳跟離地上拔，全身向上伸展拔起，後面右手臂揚起向內自轉，與前手形成對拉爭力，小臂貼於右臉外側約半拳的距離，拳心向後，拳背向前，整個身體形成對拉合勁。

上動不停，兩腳跟落地，周身合勁向下，含胸落胯，後拳背借周身整勁下砸。左右動作靠步法轉換進行。

【神意假借】

前手下壓對手的進攻路線，要進行假借動作訓練。站樁時都是假想，意動身不動。

現在進行假想意有所感身有所應。後手向下打擊對手時，要有居高臨下的意念，除了下砸，還要有拍、撞、揮、掛之勢。後手假借攻擊目標為對手面部，如眉眼、鼻梁等處。

【注意要點】

鬼手斷是高位間架向下進行的打擊，要求蓄為上，發為下，起為含，落為炸。前手練習拍、壓、封、扯、掛各變式，後手練習上拉、下砸、前撞等變式。後期還要體會進攻時扯開對手中路的應用。

鬼手斷在應用前可以採取各種格鬥的抱架，只需體會「靜守為動之始，虛為實用之源」的意拳技擊要義。鬼手斷對敵時，一是整體下砸力量大殺傷力強，二是出其不意，對手大多反應不過來。

所以，有條件實作訓練時，講好後兩人對練可以使用，無條件實作時盡量不使用。

我在剛學會幾天時，和拳友切磋，後手拳就打到對方眼睛了，當時眉骨出血，眼睛紅腫，去醫院檢查後問題不大。後來師父說好在當時我整勁練的不好，沒出大問題，不然後果嚴重。前車之鑒，拳友慎用。

鬼手斷1

鬼手斷2

第九章

斷手

🚶 第一節　有條件實作

意拳斷手就是徒手搏鬥、實戰。斷手是相對於推手起的名字，推手時的要求是手不離肘，肘不離手，不能脫開接觸點。斷手是雙方之間的距離在有一定斷開的條件下，然後接近進行搏鬥的過程。

意拳斷手的練習過程分為有條件實作和無條件實作。有條件實作是習練者之間，利用操拳、身法、步法、腿法、摔法等學到的用法，約定好一定使用範圍，或者進行拆解動作技術的對打練習。一般點到即止，意到氣到而勁不到。

有條件實作適用於初學斷手的練習者，增強搏鬥意識和使用技術的能力，最重要的是可以練習利用爭力控制身體，達到能打能收的整體反應。

有條件實作是推手過渡到散手的重要階段。在傳統武術中，實戰訓練大多停留在推手和拆招，這固然是為了安全考慮，但也造成訓練和實戰的技術脫節，讓失去了戰鬥土壤的現代武術處境尷尬。

「既得藝，必試敵」，王薌齋先生開創性的提出了有條件實作訓練和無條件實作對敵較量，既保證了訓練的安全性，又提高了實戰能力。

斷手有條件實作是練習者在具備樁功、爭力、發聲、發力、推手、操拳、身法、步法、腿法的基礎上，進行的整合搏鬥訓練。

　　在技擊樁的準備間架下，達到神鬆、意緊、體自然的精神狀態，意緊是指用意念控制目標，對手一舉一動皆在控制之下，意緊則氣足，意守敵中蓄勁待發，度其勢、明其變，有意而動、無意而打。

　　神鬆則心靈，這時感應靈敏，心有所感，身體必有所應，動作才會輕靈。身體鬆緊適度，鬆而不懈、緊而不僵，整體運動，得機而用。

　　有條件實作練習的預備間架一般採用技擊樁。如矛盾樁、托嬰樁、鷹樁等，但每一個樁的打擊路線和形式都有所不同，個人可按自己的習慣進行體會。

　　矛盾樁適合防守反擊，先拍、壓、挑、掛，後打。

　　托嬰樁利於直線進攻。

　　鷹樁方便變化，可放進來用斜線攻擊。

　　當然這都不是一成不變的，因敵而變，因變而動，打人兩不知，才是內家拳的魅力所在。

　　有條件實作練習的進攻方式是以操拳和腿法的組合使用為主。充分利用直、擺、勾、栽、削、塌等拳法技術，配合穿襠、跺子等腿法應有。

　　手法上還要變化出拍、撕、扯、撞等破壞對手間架和進攻路線的動作。根據雙方的間距，近身後要採取肩靠、膝頂、肘擊、胯撞等技術。應用上應以對手中線為目標，以間架為蓄勢，以對手變化為應用，以身法步法為配合，以接觸點為變化，以整勁為打擊。

　　有條件實作的進攻路線不外乎前面練習的步法。

　　一是直線進攻，路上行舟，均整迅速。

二是斜線進攻，避敵鋒芒，藏中取正，斜行搶進，出其不意。

三是扣擺步弧形進攻，走圓的邊線、切線，繞到對手側後方快捷隱蔽。八卦掌環形步取靈動步活之妙，意拳借鑒於此。

四是蛇形三角等之字線，忽左忽右，身正步斜，左右交替，變化取勢。至於後退誘敵，然後打對手出尖位等路線，亦是一法，但退步易失中路，內家拳能用而少用。

有條件實作雙方要講好練習條件，認真拆解，不能突用禁止招數，不能痛下毒手，這關係武德和老師的顏面，拳友慎之。技術上關鍵在於能捨能止，形不破體、力不出尖，不丟不頂。

第二節　無條件實作

意拳斷手的無條件實作訓練就是散手實戰。無條件指的是雙方無規則限制，不帶護具的徒手搏鬥。

在真正的意拳斷手中，無規定套路，無固定形式，雙方充分施展前面所學，任意發揮，將意拳各種技術有機的結合，呈現出技擊效果。

意拳斷手要體現蓄發統一、變化無定、因敵而用、整體移動等特點。

意拳的斷手和太極拳、形意拳等內家拳的散手要點基本是一致的。我曾經寫過太極拳的散手要點，這裡再將意拳斷手的要點整理一下，其實除了意拳的以點碰點、捨偏

擊實的特性外，內家拳都是很接近的，就我自己而言，戰
術風格更是相同。

【心意為先】

意拳脫胎於形意拳，形意拳來源於心意拳，所以技擊
核心仍然是以心意為先。我總結的太極拳散手也好，意拳
斷手、形意拳技擊也好，他們的技擊要訣就是「我心不
動，隨機而行」。

心不動，才能不被假象所迷惑，才能靜下來體察自身
和對手，才能不錯過最佳的機會。心靜是斷手聽勁的原
則，在實戰中沉著冷靜，不能出現畏懼、慌亂、緊張的情
緒。在精神上要高度集中，而肢體上又要鬆緊得當。

對於內家拳後發制人的說法，我是這樣理解的。

在對手心裡想要發，信號還沒傳遞到肢體的時候，我
就應該感應到對手的意動了，並能做出正確的判斷，肢體
下意識的就要做出控制對手的動作了，所以不論是意拳還
是太極拳高手在散手較量時，外面看到的經常是練內家拳
的反到先出手。對手先動的是意，而我心靜則聽勁靈敏，
意凝則控意，體鬆則變速，所以後發卻能先至。

斷手時心理素質也要過關。

過什麼關？生死觀。街頭實戰，自衛搏殺無所不用其
極，保護親人，制服歹徒，無不可用之術。交手前，心要
靜，觀察環境、聽勁控意尋機會；動手後，心要狠，一旦
得勢跟進猛打不留情。

在與同道切磋或上場散手比賽時，要「外示安逸，內

「固精神」。肢體外形上放鬆，似輕視對手，實則處處體察對手，能因機而動、因勢而變、敵有所念，即有所感。

在對手持器械的歹徒時，要「心靜膽正，意重勁足」。心靜則不懼，不懼則放鬆，放鬆可發揮技術，自然協調。膽正則有威，震懾對手，使其不敢輕易出手。

意重則手辣，生死一線之際，你死我亡之間，當場不讓步，舉手不留情。勁足則重手，要招招出重手，處處有殺機，迎敵而上，拉近距離，控一點制全身，避敵器械，擊其中線。（空手入白刃，焦點不在白刃而在敵之要害）

【間架結構】

在實戰搏鬥中，雙方的動作是不斷在變化中的，但基本的間架是不變地，如：身、手、步的空間位置和身體各部位之間相對應的角度。這種不變就是樁，意拳斷手時一舉一動都要成樁，注意這裡的樁不是死抱架不變的死樁，而是身體各部位互相牽扯，互成爭力的活樁。

在進攻和防守時都應保證間架的不散，這樣能保證進攻時對自身的防護，可立於不敗之地；防守中能隨時反擊，化中有打，打化合一。

間架結構要想做到攻守兼備，並能在運動中隨對手的來勢、意念不斷能做出調整，就需要與步法進行長期的配合訓練，形成手、身、步的空間協調本能，達到「手到腳到身也到，打人如同開玩笑」的間架要求（步法、身法、拳法協調一致），這時樁的均整功效在應用中才能發揮出巨大作用。

【戰術原則】

我總結的散手戰術三原則是：（一）我心不動，隨機而行。（二）勁斷意，後發先至。（三）守中用中，控勢追擊。

對前兩點上面說的比較多了，下面重點說說「守中用中，控勢追擊」。

守中用中是防護好自己的中線的同時，打擊的目標點也要選擇對手的中線位置。在散手中擊打的目標首選頭部，鼻下人中對疼痛最為敏感，眼最為薄弱，攻敵之必防，頭部遭到重擊會產生短暫的眩暈，這時對手的反應能力下降，正是連續進擊的機會。

正面進擊時，對手頭部的中央至上而下的垂直線就是對手的中線，進攻點包括頭頂、眼睛、人中、喉嚨、胸口、腹部、下陰等。我們在推手中知道控制對手中線的重要性，在散手中同樣重要，對敵時，要「腳踏中門奪地位」，破其重心，攻其中線，手打、頭撞、肘擊、膝頂、肩靠、足踏連環運用。

側方進擊時，進攻點包括太陽穴、耳根、腋下兩肋、側腹部、胯關節、腿側關節等。對手的中線一般與重心線相近，得機得勢時，均應重擊使敵失重摔倒。

雙方在散手中都是運動的，需要在移動變位的瞬間來判斷守中用中，無論守中還是用中，都是為了進擊（化中有進，化打合一），要配合間架和步法、身法、手法來選擇方位。無論正面進擊還是側面進擊，都要選取進攻的路線。進攻的路線分為直線和斜線，直線是直來直去，迅捷

快速，以進退步為基礎（形意拳的進步必跟，退步必隨的步法，我認為最利於實戰直線進擊），直取對手中線，可控可發。斜線以三角步方式偏鋒側進、貼身而入，要出其不意，攻其不備，斜進而正擊，三角效應，似偏實穩，似危實安。

控勢追擊是在控勁斷意的基礎上，完全得機得勢，對手重心不穩，無法組織有效反擊的情況下，繼續運用黏勁控制對手，不要輕易發放對手，而應搶進其中線，一邊黏著對手，一邊用短勁擊打，要得理不讓人，下手毫不留情，意透敵體，使其徹底喪失反擊能力。

意拳要在站樁試力和推手階段便開始培養搏鬥的意識，養成防身技擊的下意識，搏鬥時，只要對手意識動作稍有舉動，便要控其勢，借其力，斷其勁，擊其體，達到克敵制勝的目的。

正是：

拳技體用不為難，欲破天機需口傳。

若不認真辯意理，技擊實戰必輸拳。

浩氣長存丹田內，精神運化宇宙間。

身從局部求整體，體自鬆中盼自然。

第十章

意拳健舞

意拳健舞分為四種形式，分別是：游龍、揮浪、白鶴、驚蛇。

王老有詩云：「身動揮浪舞，意力水面行，游龍白鶴戲，迂迴似蛇驚。」健舞雖然稱為舞，實則為武。於瀟灑飄逸中內含凝重均整，舒展柔順裡內藏渾厚殺機。舉手投足協調美觀，進退自如，動靜有序，全面包容整合了意拳至理，所以能跳健舞，無不是意拳大成者。

據說健舞是王老南遊福建時借鑒鶴拳動作所創，真假不知，但健舞絕非動作套路。現在意拳的練習者大多不練健舞，究其原因就是老師沒法教。因其沒有固定動作，沒有固定套路，而是前面所有功法整合後的感覺。就像所有行業頂尖的大師，不用再考慮過程和公式，只需信手拈來，便可渾然天成。

健舞四法就像學語文，全部課程都讀完了，老師留下的四個題目，每一個題目都是一個框架，在框架內，盡情發揮，淋灕展示，純樸自然，天人合一。

健舞難練，是沒有老師會告訴你應該怎麼做，也沒有書本能明確描繪，即使有幸看到前輩的健舞，跟著模仿卻是照貓畫虎難以做出內涵神韻。

健舞又不難，無招無式，只要基本功紮實，前面的功法都能達到「不求形相似，只求神意足」的境界，然後憑心而行，有感而動，健舞自然而成。健舞功成，意拳就真的可以畢業了，隨心所欲而不逾矩。

下面我就老師留下的四個畢業題目做一點解析，希望對練習者有幫助。

游 龍

龍可興風布雨、翻江倒海，上可翱翔九天、下可隱匿藏形。練習時要重提按、仰俯、翻騰之力。向上有升騰翻滾，向下有潛裏封閉。走動時如蒼龍入水，靈動自如；高揚時如游龍在天捲動風雲，頂拔懸空。動靜間蘊含蓄力，鱗爪偶現驚如電炸雷鳴。

建議意念上從龍騰、入水、雲隱、現爪上找感覺。步法身法協調，注意各種試力的運用。手法上多用爪法，要求手指緊而不僵，手心要空。打擊上可運用栽拳，圈捶，塌掌，穿襠腳等技術。

游龍是我比較偏愛的健舞功法，十幾年前曾在香港一次武術界重要聚會上受邀表演過，當時聯繫我的各界朋友很多，不是保守，確實這個沒法單獨教，後面再沒有在公開場合演練過。

揮 浪

我師父王永祥教意拳時，是以哄水試力為第一課，其實就是揮浪的基礎。波濤洶湧即為浪，在狂濤波浪中，揮動風浪，起伏縱橫。

練習時要重伸縮、開合、縱橫之力。開合是動作上的關鍵，開如分水而行；合似海底翻浪。身法上神龜出水，隨浪波動，起伏自然，不能忽高忽低。步法上縱橫隨意，輕重得當。打擊上可運用削掌、拍掌等技術。意念上建議體會「到中流擊水，浪遏飛舟」的境界。

還要注意動靜之間的轉換，靜則風平浪靜，動則驚濤拍案。我曾有一弟子，站樁時觀溪水拍石之後的回旋而體會到揮浪感覺。

白 鶴

鶴有伸縮展放雙翅之形，衝高鑽雲之能，昂首遠眺之意，獨立自如之穩，爪抓翅扇之利。

練習時多重提按、擰卷之力。扇撲是動作上的關鍵，回旋展動，收縮自如。步法上以摩擦步、獨立步為主，注意重心的轉換。

打擊上可用樓手扇、坐地起火、圈捶等技術。身形和步法之間要注意配合，不能雙重。

意念上要體會白鶴閒暇時的悠然自得，翱翔時的飄逸流動，受驚時的迅急果斷。練習白鶴健舞時，要動靜得當，發力冷脆快捷。

驚 蛇

蛇有貼地潛行之能，臨險境而驚發突至。練習上應以吞吐、頓挫、驚彈等力為主。步法上以蛇行步、蚓蟲步為主。打擊上以彈手、切手、鑽拳為主。意念上要以潛行為蓄力，神明意足，一旦感應，驚炸而起令對方難以防範。驚而彈發，瞬間而變。

驚蛇功法不好掌握關鍵就在於緩與急的轉換變化，要緩時身鬆如棉，驚炸時如長鞭脆響。彈抖力要想發的好，就要周身鬆的好、氣蓄的好。

　　意拳健舞四種分練後，加以體會，融會貫通後就要將其融為一體，以求達到一舉動無不渾圓、無不成樁的境界。透過健舞四道命題後，意拳就算通關，這也體現了學習、掌握、感知、運用、領悟、創造的內家拳整體思想。

附　錄

〔 附 錄 一 〕

談談試力和試聲

王薌齋

試力為習拳中最重要最困難之一部分工作,蓋試力為得力之由,力由試而得知;更由知而在始能得其所以用。習時須身體均正,筋肉輕靈,骨骼毛髮都要支撐,遒放爭斂互為,動愈微而神愈全,慢優於快,緩勝於急,欲行而又止,欲止而又行,更有行乎不得不止,止乎不得不行之意。習時須體會空氣阻力之大小,我即用與阻力相等之力量與之應合,於是所用之力自然無過亦無不及。初試以手行之,逐漸以全體行之。

能逐漸認識此種力,操之有恆,自不不可思議之妙,而各項力量也不難入手而得,上下左右前後不忘不失,非達到舒適得力奇趣橫生之境,不足曰得拳之妙。所試各力,名稱甚繁,如蓄力、彈力、驚力、開合力、三角、螺旋等各種力量,亦自然由試力則得。

表面觀之形似不動而三角、螺旋實自轉不定,錯綜不已。要知有形則力散,無形則神聚,非自身領略之後不能知也。

蓋螺旋力以余觀之非由三角力不得產生也。而所有一

切力是筋肉動盪與精神假想相互而為，皆有密切連帶之關係，若分而言之則又成為片面也。至於用力之法，混噩一貫之要，絕不在形式之好壞，尤不在姿勢之繁簡，在要神經支配之大義，即心意之領導，與全體內外之工作如何耳。動作時不論單出雙回，齊出獨進，橫走豎撞，正斜互爭，渾身之節點無處不有先後輕重鬆緊之別，並須形不外露，力不出尖，意無斷續。

不論試力或實際發力均須保持身體鬆和發力含蓄，而聽力以等其觸。神宜內斂，骨節藏稜，毛髮筋肉伸縮撥轉，全身內外無處不有滾珠起稜之感。他如假借種種之力，言之太繁，姑不具論。就全體而論，要發揮上動而下自隨，下動上自領，上下動中間攻，中間攻上下合，內外相進，前後左右都相應。

上述試驗各種力量得之後，始有學拳之可能，功力篤純，可逐漸不加思考，不期然而然，莫知至而至，得本能觸覺之活也。具體細微之點力，亦須切忌無的放矢之動作，然又非到全體無的放矢之不可，否則難得其妙。

試聲為補足試力之細微所不及，要聲力併發，與徒作喊意在威嚇者不同，而聞之者起卒然驚恐之感，試聲口內之聲不得外吐，乃運用聲內轉功夫。初試求有聲，漸以有聲變無聲，故先輩云：試聲如黃鍾大呂之本，非筆墨毫端可以形容。須使學者觀其神，度其理，聞其，聲，揣其意，然後以試其聲之情態，方能有得。

〔 附 錄 二 〕

意拳正軌

王薌齋

自序

　　技擊一道，甚矣哉之難言也。詩言拳勇，禮言角力，皆技擊之起源：降至漢代，華佗氏作五禽之戲，亦技擊本質。良以當時習者甚少，以至湮沒無聞。迨至梁天監中，達摩東來，以講經授徒之餘，兼習鍛鍊筋骨之術，採禽獸性靈之特長，參以洗髓易筋之法，而創「意拳」，又曰「心意拳」。徒眾精是技者甚多，少林之名亦因之而噪起。岳武穆王復集各家精華，編為五技連拳、散手、撩手諸法，稱為「形意拳」。

　　逮及後世，國家宴安，重文輕武之風日盛，又精拳技者復多以好勇鬥狠賈禍，於是士大夫相率走避，致將此含有深奧學理之拳術，不能見重於歷世。相沿既久，無可更易。即後世之有道，懷瑾握瑜者，率多埋沒於鄉村閭里間，不敢以技術著稱。此固使後之學者深資悼惜者也。

　　清代晉之太原郡戴氏昆仲精於是技，而獨得詳傳於直隸深縣李洛能先生。先生授徒甚眾，復獲得李老先生之絕

技者，厥為同縣之郭雲深先生，郭先生之教人習形意也，首以站樁為入學初步，從學者多矣，能克承其教者殆不多溝。郭先生亦有非其人不能學，非其人不能傳之嘆。

吾與郭先生同里，有戚誼為長幼行，愛吾聰敏而教之，且於易簀之時猶以絕藝示之，諄諄以重視相囑。晚近世風不古，學者多好奇異，殊不知真法大道，只在日用平常之間，世人每因其近而忽之，「道不遠人，人之為道而遠人」之說益徵。蔛不顧以此而求聞達，無如晚近世欲趨於卑下，不求實際，徒務虛名，於是牟利之徒，不自學問抄襲腐敗之陳文，強作謀生之利器，滿紙荒唐，故入玄虛；忽而海市蜃樓，跡近想像，忽而高山遠水，各不相干，使學者手不釋卷，如入五里霧中，難誤用半點真假。一般無知之士，猶以聖人之道，不可贊仰。嗚呼！

利人當途，大道何昌，午夜深思，曷勝浩嘆。蔛雖賦性不敏，而於技擊一道，竊焉心喜，既獲得親炙真法大道之指導，每日承其教誨之語言多具有記載之價值者，連綴成冊，本利己利人之訓，不敢自私，以期同嗜者均沾斯益，非徒以此問世也。是為序。

中華民國十八年菊月　深縣王宇僧

樁法換勁

欲求技擊妙用，須以站樁換勁為根始，所謂使其弱者轉為強，拙者化為靈也。若禪學者，始於戒律而後精於定慧，證於心源，了悟虛空，窮於極處，然後方可學道。禪

功如此，技擊猶然。

蓋初學時樁法頗繁，如降龍樁、伏虎樁、子午樁、三才樁等。茲去繁就簡，採取各樁之長，合而為一，名曰渾元樁，利於生勁，便於實搏，精打顧，通氣學，學者鍛鍊旬日，自有效果，亦非筆墨所能表其神妙也。

夫樁法之學，最忌身心用力，用力則氣滯，氣滯則意停，意停則神斷，神斷則受愚。尤忌揚頭折腰，肘腿過於曲直，總以似曲非曲，似直非直為宜，筋絡伸展為是。頭宜頂，渾身毛孔似鬆非鬆，如是則內力外發，弱點換為強勁，自不難得其要領也。

鍛鍊筋骨

力生於骨，而連於筋，筋長力大，骨重筋靈。筋伸骨要縮，骨靈則勁實。伸筋腕項（手足四腕與脖項）則渾身之筋絡皆開展，頭項齒扣，足根含蓄（含有若彈簧之崩力），六心相印（手心足心本心頂心也），胸背宜圓（闊背筋大雄筋異常有力）則氣自然開展，兩肱橫撐要平，用兜抱開合伸縮勁，兩腿用提挾扒縮淌崩擰裹勁，肩撐胯墜，尾閭中正神貫頂，夾脊三關透丸宮，骨重如弓背，筋伸似弓弦，運勁如弦滿，發手似放箭，用力如抽絲，兩手如撕綿，四腕挺勁力自實，沉氣扣齒骨自堅。

象其形，龍墩、虎坐、鷹目、猿神、貓行、馬奔、雞腿、蛇身、骨查其勁，挺腰沉氣，坐胯提膝，撐截裹墜，黏定化隨。若能得此要素，如遇敵時自能隨機而動，變化無窮。任敵巨力雄偉漢，運動一指撥千斤。

所謂身似平準，腰似車輪，氣如火藥拳如彈，靈機微動鳥難騰。更以心小膽大，面善心惡，靜似書生，動若龍虎，總以虛實無定，變化無蹤為準則，自能得其神妙之變幻。故郭雲深大先師常云：有形有意都是假，技到無心始見奇，蓋即此也。

用　勁

拳術之妙，貴乎有勁，用勁之法，不外剛柔方圓，剛者直豎，柔者靈活，直豎長伸有攻守力，柔者縮短有驚彈力。剛勁形似方。柔勁外方而內圓。伸縮抑揚，長短互用，剛柔相濟，有左剛而右柔，有左柔而右剛，有梢節剛而中節柔，亦有時剛時柔虛實變化之妙，半剛運使之精。更有柔退而剛進，剛退而柔進，周身光線不斷為樞紐。橫撐開放，光線茫茫謂之方。提抱含蓄，中藏生氣謂之圓。所以筋出力而骨生稜。

凡出手時，用提頓撐抱兜墜鑽裏，順力逆行，以方作圓。落手時，用含蓄纏綿滔滔不斷，以圓作方。蓋圓勁能抽提，方勁能轉頓，開合若連環。若萬縷柔絲百折千回，令人不可捉摸，其玲瓏開朗，如駿駒躍潤，偏面矯嘶，神彩麗麗，壯氣森森，精神內固，如臨大敵，雖劍戟如林，刀斧如山，亦若無人之境。身如強弓硬弩，手如弓滿即發之箭，出手恍同蛇吸食，打人猶如震地雷。

夫用勁之道，不宜過剛，過剛易折，亦不宜過柔，過柔不進，須以豎勁而側入，橫勁吞吐而旋繞，此種用勁之法，非心領神悟，不易得也。若能操之純熟，則勁自圓、

體自方，氣自恬，而神自能一。學者其勿惰。

　　求勁之法，慢優於快，緩勝於急，而尤以不用拙力為最妙。蓋運動之時，須使全體之關節任其自然，不稍有淤滯之處，骨須靈活，筋須伸展，肉須舒放，血須川流，如井之泉脈然。如是方能有一身之法，一貫之力，而本力亦不外溢。若急急於拳套是舞，徒用暴力以求其迅速之美觀，如是則全體之氣孔開塞，而於血系之流通亦大有阻礙。觀諸用急暴力者，無不努目皺眉，頓足有聲，先閉其氣，而後用其力，既畢，則又長吁一聲，嘆氣一口，殊不知已大傷其元氣也。

　　往往有數十年之純功，而終為門外漢者，目見皆然，豈非用拙力之所致也？亦有用功百日而奏奇效者，可知謬途誤人之甚。學者於此求力之法，當細斟之，自能有天籟之機，然亦非庸夫所能得之道也。

練 氣

　　夫子養性練氣以致治，軒轅練神化氣以樂道，達摩參禪，東來傳道，始傳洗髓易筋之法，而創意拳及龍虎樁，故為技擊開山之宗，自古名賢大儒聖人豪傑金剛佛體，未有不養性練氣及習技者。莊子云：技也，進乎道矣。然技雖小道，殊不知學理無窮，凡學此技者，非丰神瀟灑而無輕浮狂燥塵俗語之氣，堪與聖賢名儒雅樂相稱者，不足學此技也。

　　夫練氣之學以運使為效，以鼻息長呼短吸為功，以川流不息為主旨，以聽氣淨虛為極致。前為食氣出入之道，

後為賢氣升降之途，以後天補先天之術，即周天之轉輪。蓋周天之學，初作時，以鼻孔引入清氣，直入氣海，由氣海透過尾閭，旋於腰間……蓋兩腎之本位在於腰，實為先天之第一，猶為諸臟之根源，於是則腎水足矣，然後上升督脈而至丸宮，仍歸鼻間，以舌接引腎氣而下，則下腹充實，漸漸結丹入田。此即周天之要義，命名周天秘決，學者勿輕視之。

養　氣

養氣練氣，雖出一氣之源，然性命動靜之學，有形無形之術各有不同。蓋養氣之學，不離乎命，神即是性，氣即是命，故養氣之術須由性題參入。夫性命之道，非言語筆墨所能述其詳也。況道本無言，能言者即非道。

故孟子云：難言而強言之，惟道本無也。無者天地之源，萬物之根，人有生死，物有損壞，道乃永存。其大無外，其小無內，視之無形，聽之無聲，而能目心意俱忘，即諸妙之圓也。如對境忘境，不耽於六賊之魔，居塵超塵，不落於萬緣之化。誠能內觀其心，心無其心，外觀其形，形無其形；遠觀其物，物無其物；三昧俱悟，即風虛空，所空欲無，無無亦無，大抵人神好清而心擾之，人心好靜而欲亂之，故言神者不離性，氣者不離命，若影隨形，不爽毫釐。

五行合一

五行者，生剋制化之母，亦即萬物發源之本也。如世

欲之論五行者，則曰金生水，水生木，木生火，火生土，土生金，謂之相生；金剋木，木剋土，土剋水，水剋火，火剋金，謂之相剋。此腐之配論，難近拳理，而亦不知拳術為何物。又曰某拳生某拳，某拳剋某拳，此論似亦有理，若以拳理研究之，當兩手相接對擊時，豈能有暇而及此也？若以目之所見，心再思之，然後出手制之，余實不敢信而然，莫知擊而手足已至，尚不敢說能制人。如以腦力所度，心意所思，出手論著，操技論套，是門外漢也，不足與座拳。

　　蓋拳術中之所謂五行者，換言之曰：金力，木力，水力，火力，土力是也。即渾身之筋骨，堅硬如鐵石，其性屬金，故曰金力。所謂皮肉如棉，筋骨如鋼之意也。四體百骸，無處有若樹木之曲直形，其性屬木，故曰木力。身體之行動，如神龍游空，矯蛇游水，猶水之流，行蹤無定，活潑隨轉，其性屬水，故曰水力。發手若炸彈之爆烈，忽動如火之燒身，猛烈異常，其性屬火，故曰火力。周身元滿，墩厚沉實，意若山嶽之重，無處不生鋒芒，其性屬土，故曰土力。

　　凡一事一動皆有如是包羅天地、彌滿六合、塞充乾坤、混含宇宙，性命之學，亦即天地之陰陽也。然欲養氣修命，須使心意不動，心為君火，動為相火，君火不動，相火不生，相火不生，氣念自平，無念神自清，清而後心意定。故云：「一念動時皆是火，萬緣寂淨方生真，常使氣通關節敏，自然精滿谷神存。」若能有動之動，出於不動，有為之為，出於無為，無為則神歸，神歸則萬物寂，

物寂則氣泯，氣泯則萬物無生，耳之五種力，此方謂五行合一也。總之，不動時周身及一貫之力，動時大小關節無處不有上下前後左右百般之二爭力，如是方能得周身之渾元力也。

六合

六合有內外之分，曰：心與意合，意與氣合，氣與力合，為內三合；手與足合，肘與膝合，肩與胯合，為外三合。又曰：筋與骨事，此與肉合，肺與腎合，為內三合；頭與手合，手與身合，身與足合，為外三合。總之，神合、勁合、光線合，全身之法相合謂之合。非形勢相對謂之合。甚矣哉，六合之誤人也，學者慎之慎之。

歌訣

歌訣者，拳術中之精粹也。若能參透其意，窮盡其理，自能得道矣。

心愈專；意昧三，精愈堅，氣愈安，神愈鮮（此學技五大要素）。

渾噩一身貫，形具切忌散（周身用力，無處不圓滿，取內圓外方之意始終不懈）。拳出如流星，變手似閃電（變化迅速，神捷果斷）。

舌捲齒更扣（舌為肉之梢，肉為氣之囊，舌捲氣降，注於氣海，又能接引腎氣結入丹田。齒為骨梢，扣則骨堅）。

頭頂如懸磬（頭為六陽之首，五關百骸莫不本此，頭

頂若懸，三關九竅易通，自能白雲朝頂，一點靈光頂頭懸，此亦禪學之要素也）。

兩目神光耀（精光收縮而尖銳）。鼻息耳凝斂，心目宜內視（以鼻作長呼短吸之功，耳目心作收視反聽之用）。腰轉如滑車，進足如鋼鑽（靈敏活泌，進鑽奪位）。提淌裹扒縮，滾銼兜擰（動靜須有此力）。

手足指抓力，毛孔如生電（指為筋梢，扣則力自充。周身毛髮為血梢，血為氣膽，毛孔不睜，毛髮不竪，則血不充，血不充則氣不振，氣不振則力不實，不實則失戰鬥鬥力矣）。

交手經法

人之本姓，各有不同，有聰明者，有智慧者，有毅力者恆心者，有沉著精敏者，更有奸猾陰毒者，其性不同，其作為亦因之而民，如技術之擊法亦因之而民，如技術之擊法亦然，有具形而出，無形而落。敗勢而往，發聲而來。千變萬化，不能盡述。須以功力純篤，膽氣放縱，處處有法，舉動藏神，不期然而然，莫之至而至。身動快似馬，手動速如風。

平時練習，三尺以外七尺以內，如臨大敵之象。交手時有入若無人之境。頸在竪起，腰要挺起，下腹要充實，兩肱撐起，兩腿夾起，自頭至足一氣相貫。膽怯心虛，不能勝，不能察顏觀色者，亦不能取勝。總之，敵不動，我沉靜，敵微動，我先發。

所謂打顧之要亦其擊先者也。不動如書生，動之如龍

虎。發動似迅雷，迅雷不及排耳。然所以能致勝者，皆在
動靜之間；動靜已發而未發之間謂之真動靜也。手要靈，
足要輕，進退旋轉若貓形。身要正，目斂精，手足齊到定
要贏。手到步不到，打人不為妙。手到步亦到，打人如把
草。上打咽喉下打陰，左右兩肋在中心，拳打丈外不為
遠，近者只在一寸中。手出如巨炮響，足落似樹栽根。眼
要毒，手要奸。步踏中門，鑽入重心奪敵位，即是神手亦
難防。用拳須透爪，用掌要有氣，上下意相連，出入以心
為主宰，眼手足隨之。兩足重量，前四後六，用時顛倒互
換。

　　夫有定位者步也，無定位者亦步也。如前足進後足
隨，前後自有定位矣。左右反背如虎熱能山，乘勢勇犯不
可擋，斬拳迎門取中堂，搶上搶下勢如虎，鶻落龍潛下雞
場，翻江倒海不須忙。凡鳳朝陽勢為強，雲遮天地日月
交，武藝相爭見短長。三星對照，四梢會齊，五行俱發，
六合彌結、勇往前進，縱橫高低，進退反側，縱則放其
力，勇往而不返，橫則裹其力，開合而莫擋，高則揚其
身，而身若有增長之意。低則縮其身，而身若有鑽捉之
形。當進則進攉其身，當退則退領其氣。

　　至於反身顧後，亦要隨，打要遠，氣要攉。拳似炮、
龍折身，發中要絕隨意用，解開其意妙如神。鷂子入林燕
抄水，虎捉綿羊抖威風。取勝四梢均要齊，不勝必有懷疑
心。聲世擊西，指南打北，上虛下實，靈機自揣摸。左拳
出，右拳至，單手到雙手來。拳中心窩去，發向鼻尖前。
鼻為中央之土，萬物產生之源，衝開中央全體皆糜。兩手

結合迎面出，自然把定五道關。身如弩弓拳如彈，弦響鳥落見奇鮮。遇敵猶如身著火，打破硬進無遮攔。

何為打，何為顧，顧即是打，打即是顧；發手即是處。計謀精變化，動轉用精神，心毒為上策，手足方勝人。何為閃，何為進，進即是閃，閃即是進。不必遠求尚美觀，只在眼前一寸間。靜如處女，動若雷電。肩窩吐勁，氣貫掌心，意達指尖前；氣發自凡田。按實用力，吐氣開聲，遇敵來勢兩相交，風雲雷雨一齊到。

龍 法

龍法有六，曰：滄海龍吟、雲龍五現、青龍探海、烏龍翻江、神龍游空、神龍縮骨。其為物也，能伸能縮，能剛能柔，能升能降，能隱能現，不動如山嶽，動之如風雲，無窮如天地，充實如太倉，浩氣如四海，玄曜如三光。度來勢之機會，揣敵人之短長。靜以待動，動中處靜，以進為退，以退為進，直出而側入，斜進而竪擊。柔去而驚抖剛來而纏繞。縮骨而出，放勁而落。縮即發也，放亦即縮。甲欲透骨而入髓，發勁意在數尺間。

虎 法

虎法亦有六，曰：猛虎出林、怒虎驚嘯、猛虎搜山、餓虎搖頭、猛虎跳漳。揣其性靈，強而精壯，橫衝竪撞、兩爪排山，猛進猛退，長年短用，如剖食，若搖頭，猶狸貓之捉鼠，頭頂爪抓，鼓盪周身，起手如剛銼，用斬抗橫兜順，落手似勾桿，用劈摟搬撒撐，沉托分撞，伸縮抑

揚，頭要撞人，手要打人，身要摧人，步要過人，足要踏
人，神要逼人，氣要襲人。借法容易上法難，還是上法最
為先。較技者不可思悟，思悟者寸步難行。寧教一思進，
莫教一思退。有意莫帶形，帶形必不贏。猶生龍活虎，吟
嘯叱吒，谷應山搖。其壯哉如龍虎之氣，臨敵毫不虛，安
有不勝之理哉？總之，龍虎二法，操無定勢，勢猶虎奔三
千，氣若龍飛萬里，勁斷意不斷，意斷神連。非口授心
偉，莫能得也，聊述其大意，未克盡詳。

意拳正軌

意拳之正軌，不外古勢之老三拳與龍虎二氣。龍虎二
氣為技，三拳為擊。三拳者，踐、鑽、裹也，踐拳外剛內
柔有靜力（又曰挺力），曰虛中，以含蓄待發之用。鑽拳
外柔內剛如棉裹鐵、有彈力，曰實中，乃被動反擊之用。
裹拳剛柔相濟，有驚力，曰化中，乃自動之用。任敵千差
萬異，一驚而即敗之。所謂樞得其環中，以應無窮。

〔 附 錄 三 〕

習拳一得

王薌齋

　　普通常說：有了健康的身體才有偉大的事業。意思就是人的身體健康，生命得以延長，而後才能從事一切事業，所以健康是非常重要的。而健康與否，在於平時修養和運動的得當不得當，也就是運動合於衛生不合於衛生，須要詳加研討並經實際的考驗。

　　究竟怎樣才算是正常的運動呢？應於練習某運動以前，根據醫學的方法，檢查心臟的能力、血壓的高低、脈搏與呼吸的次數、赤白血球的數目，至練習一個相當時期以後再行檢查，自然就知道這種運動正常不正常。

　　所謂正常的運動，是指適應人體的自然發展的運動，惟有適合這種規律的運動，才能增加人體的健康。

　　正當的運動能使全身的細胞及各種器官發生高度的新陳代謝的作用，促進呼吸、血液循環，增強身體內燃燒作用。換言之，就是使身體內部呈活動狀態。因此，適當的運動可以給與細胞以一定的刺激，對在成長期者，可以促進其成長，增強體力，對已經長成者，可以使之維持其效能，因而保持了體力與健康。

　　若運動不足，則必然招至相反的結果。運動過激，則運動不適當，不但損傷健康，甚而戕害身體，也就是發生疾病的誘因。

　　現在，一般的運動筋肉疲勞以前，心臟已因呼吸困難而呈急性心臟擴張，遂不得不停止其運動，以使心臟得以休息，減低呼吸的困難，恢復正常狀態。

　　中國的拳學，是以完全與此相反的方法來鍛鍊身體。這種運動是筋肉氣血的運動，更可說是具體細胞的運動，在運動中使全身各種細胞器官同時平均發展為原則，即使運動時全身之筋肉，雖已呈疲勞不能忍受的狀態，而心臟的搏動並不失常，呼吸並不困難，相反的，在運動後尚能感覺到較運動以前的呼吸輕鬆、舒暢，是以其個人的筋肉、心臟所能負擔範圍內的能力來求其個體平均漸次發展生長，不限年齡、不限性別，而達保持健康增強體力的目的。更因沒有任何招式，所以在運動時腦神經不受刺激、不緊張，使能得到恢復也，是與一般運動不同的地方。

　　站樁方法，雖然只是站立不動，實則，其內部筋肉細胞已在開始工作，完全在於求得身體內部筋肉細胞的發展與血液循環之適當，亦即所謂身體內部呈活動狀態，而非探求其外形之變動與轉移，以使身體各器官平均發展，減少心臟擴大後的不良現象。要知，拳學的運動是大動不如小動，小動不如不動，不動之動才是生生不已之動。

　　這種運動，可以說是我中華民族所獨有的特殊學術，但從未被一般人所注意，同時也不是一般人所能只憑主觀簡單瞭解的。若主觀的認為以很簡單的姿式站住，一動也

不動，如何能長力，如何能練好身體，是根本沒有認識。實則，就是這樣站著不動，不但能很快的增長力量，而且能夠治好許多在醫學上治療不好的多種慢性疾病。在治療醫學與預防醫學上，是具有相當的價值的，是一種最合於生理的運動方法。

至於一般的運動，有的失於激烈損害身體，有的失於偏頗，而促成局部的發達。因此在生理上本有欠缺的人不習運動，尚可在日常生活中自然使其復原，一經運動反受戕害，致使疾病加深，甚或生命夭折。

每見著名運動家和運動成績優良的青年而研究學術課程反多落後，這都是運動不當所發生各種不正常的現象。至於過去拳術名家老手，也有因違背生理而頓足努力，老年癱瘓下萎者。

凡此種種，皆與運動生理相背馳。要知研究學術不貴墨守成規，更忌保殘守缺、重在體認與創造，但須根據原則與事實繼續不斷的求創造，然須切實再切實。所以良好的運動，必能發揮其具體、聰明與讀書足以增長知識，而能致用之理，並無二致。所以，運動無論如何不能過激。再若詳細分析現在的運動都是以青年為對象而設的，忽略了四十以後的壯年人和老年人。

實際上惟有四十以後的人學識充足、經驗豐富，才能在國家社會中擔當重要的任務，忽略了這些人的正常運動，就是忽略了這些人的健康，對國家是極大的損失。以運動的原理來講，靜、敬、虛、切是習運動的要訣，同時還需要渾大深慧的精神來培植他，如運動時不許閉氣，心

臟搏動不許失常，橫膈膜不許稍緊，都要常識豐富的人方易體驗。至六十歲以後的人若求技擊深造，似不太易，欲求身心的健康，則實非難事。學習運動大致不外三個目的：一、求衛生、身體健康。二、講自衛。三、尋理趣。

求衛生，使身體健康，是最容易的，只是舒適、自然、輕鬆、無力，渾身像躺在水中或空氣中睡覺，就大半成功。若矯揉造作，蓄意別為，則徒然擾亂神經，消磨時日，再要激烈的搞起來，則終將受害而影響健康與生命。

運動的結果能使身體健強，進一步就要講自衛。所謂自衛不外是希冀倘遇不測，受外敵侵害的時候，伸出一拳半足即可擊倒群流，若習作到純熟神化的境地，更有不可思議和語言難以形容之妙。

但是自衛與衛生有不可分離的連帶關係，首先要身體健康，繼而身手敏捷、力量過人、方法巧妙，才能適意而行。可是，要想增長力量確不可用力，一用力反沒有增長力量的希望。要求身手敏捷、動作迅速，鍛鍊時以不動為最好，若是覺得枯燥無味或是煩累難支，也不妨稍事動作，可是要知道，動時要有動乎不得不止，止乎不得不動之意，亦即只許有動之因，不許有動之果，意思就是精神意義要深切，不須要形式上作出來，形式上一作出來，就如所謂有形則力散，無形則神聚，破體而力散。

所以愈慢愈好，這樣方可能逐漸的體會到：四肢百骸各種細胞工作如何不致使體認漠然滑過，這是學動的最簡單的條件，倘若求速度的美觀表示靈敏，不惟毫無所得，反根本消減了希望。

　　他如方法巧妙以制敵，那更要任何方法不許有，要是有了人造的方法參雜其間，可就把萬變無窮本能的妙用丟淨了。

　　這種運動極簡易可以一目瞭然；收穫也極快，不過須要不用腦力、不用氣力，不單獨消磨。若何時間養成生活的好習慣，方可奏效。而有益於身心。若想要花樣示強威必將終無所成。

　　這種運動雖簡單，而有絕頂聰明的人愈學愈感其難，竟有終身習行，苦心鍛鍊一生是非不能辨者。要知道宇宙間平常才是非常、苦捨平常而學非常，就無異走入了歧途。至於這種運動的理趣是無窮的，千頭萬緒一時無從說起，願略舉一二原理竭誠歡迎同好者參研究討。

　　如動靜、虛實、快慢、鬆緊、進退、反側、縱橫、高低、爭斂、遒放、鼓盪、開合、伸縮、抑揚、提頓、吞吐、陰陽、斜正、長短、大小、剛柔種種都是矛盾的，矛盾參互錯綜而為的作到圓融的圓融，還要反回頭來學初步，這一切一切是不能分開的，要分開，可就永遠不能認識這種運動的真諦。

　　在這種運動中，鬆即是緊，緊即是鬆，並且要鬆緊緊鬆勿過正；實即是虛，虛即是實，要實虛虛實得中平；橫豎撐抱互為根，打顧鑽閃同時用。

　　以上是為初學求力的人所說的，若不依照這種規範來學習，終身鍛鍊不能識。果守這種規範來學習，一生學之不能盡。至於試力、運力、發力、蓄力，以及有形、無形之種種假借的力量，言之太累姑不具論，若非逐漸的搜

求、鑽研、深造，力追未易有得。其實一經人手便感平凡無奇，非常容易。因為這是一種平易近人、一法不立、無法不備、虛靈守默而應萬物的運動，若能以一此相推，不日就可以觸類旁通。

拳學一道，不是一拳一腳謂之拳也，不是打三攄兩謂之拳，更不是一套一套謂之拳，乃是拳拳服膺謂之拳。

習拳主要的是首重衛生，其次是自衛。習拳能使醫藥無效的，多種慢性疾病患者很快的都能恢復健康，使勞動煮勞而晚衰，使失去勞動力者能夠恢復勞動。這樣才是拳的價值。這種運動可以說是運動的休息，休息的運動。

自衛是技擊的變象。學技擊，並不是社會人士所想像的這手這麼用，那手怎麼使。所謂技擊，既不是那樣的複雜，但也不是所想的如此簡單，而是首重修養，再按身心鍛鍊試力及發力、尋步驟學習，才可以逐漸的進行研討技擊，否則，恐終於是非莫辨。

蓋修養是先由信條及四容八要方面來作起信條是尊長、護幼、信義、仁愛、智勇、深厚、果決、堅忍。四容是頭直、目正、神壯、聲靜；八要是靜、敬、虛、切、恭、慎、意、和。有了以上沉實的基礎，才能說到身心的鍛鍊。

鍛鍊首重樁法，同時研討關節和筋肉的控制，及利用單雙重的鬆緊。單雙重不是專指兩手兩足的重量而言，頭、手、身、足、　肩、肘、膝、胯，以及大小關節、四體百骸，即些微的點力都含有單雙、鬆緊、虛實、輕重之別。至於撐三、抱七、前四、後六、顛倒互相為用，則不

是簡單筆墨所能形容。總之，大多要由抽象作到實際，這不過是僅略述其目錄而已。

試力之名種甚繁，難能具備。蓋力由試而得知，更由知而始能得其所以用。無論作何力的練習，也得要形不破體，意不有象，力不出尖。只要力一有了方向，就是出尖也。是有窮的局部、片面的動作便呆板而減低力量的效能，並且斷續、散亂、茫無所從，較技如爭鬥而超於死僵之途。試力要從假想去作假想，是無形的，是精神的，是永存不斷的，也是無往不浪的。拳學這件學術都是要由空洞來得來，有形則力散，無形則神聚，精神意思要充足，而不求形體相似。

發力要發動這種力量的功效，須有基本的造就。有了各種力學的知識，然後與大氣的力量起應合。能與大氣起呼應，才能利用波浪的鬆緊。要知，發力不是注重擊出沒有，擊出、擊中、未擊中，是要看自己本身發動的力量，是不是有了前後、左右、上下的均衡、均整、具體、標旋的綜錯力量和無往不浪的力量，是不是輕鬆、準確、慢中快的惰性力量，是不是本能發動的、不期然而然、莫知至而至的力量。有了以上的條件始有學拳的希望，至於能學與否，則又當別論。

〔 附 錄 四 〕

意拳拾粹

王薌齋

力之運用

渾元爭力：

爭力是無所不爭，四肢百骸大小關節無處不爭，虛虛實實、鬆鬆緊緊還是爭力，不爭就使不出力氣來。宇宙間無處不爭，自己與自己的四肢百骸爭，總之渾元一爭。

大氣呼應：

大氣與你個人起呼應，你能利用他，叫他能答應，站樁久了慢慢地自然內部膨脹起來與大氣發生呼應之後就好辦了。

渾噩逆體：

渾身好像什麼地方都沒有空隙，整個都有逆力，什麼地方打我全不怕，沒有很順當的力量，但又極順當，這也是矛盾出來的力量。

動靜互根：

動與靜是一個東西，互為其根，靜即是動、動即是靜，一動一靜互為其用。鬆即是緊、緊即是鬆，鬆鬆緊緊

勿過正。虛即是實、實即是虛，虛虛實實得中平。天地間沒有中平，哪個地方也沒有平衡，控制平衡就是正：都是單雙、鬆緊、虛實輕重、作用力與反作用力起錯綜複雜的作用。看著一動不動，裡面動得很快，動得很多，裡面氣血跑得少反而慢，原因是不會動。如會動的話，動即是靜、靜即是動：動靜互根為用。

初做應該不動，因為不會動，不動才是生生不已之動。會動了動起來才更快：假借地動，頭手、身足、肩肘、膝胯能假借來動就更快，神動意動力量動，但形式上不動就出來，那力量就最大。不在形式上看，這就是所謂動靜互根的意思，動靜研究起來沒完，做更複雜。

遒放統一：

力量不遒緊，放的力量也就不大。要遒得緊，才能放得遠。欲放先遒，欲遒先放。

有無互用：

有與無也是一件東西。有了才看見沒有，有了就有沒有這一天，沒有就不知道能生出什麼來。世間一切皆是如此。

順力逆行：

手朝後拉，力量出去愈遠：手往前指，力量愈往後來。

勾錯刀叉：

也是有形無形。形象化來講：出手如鋼銼，回手似勾桿（實際上都還未動），渾身若起大波浪（誰也看不見），渾身力量毛髮如戟，胳膊好像處處有刀叉一樣。人

身機器不好形容，因為裡面有精神力量的存在，全是無形的假借。

斜正統一：

斜即是正，正即是斜；由於支撐面不同，渾身關節的力量互有影響。力圓為正，一動是橫，橫是正面，作用是斜面，但作用你看不到。

多面螺旋：

各方面全是螺旋，隨便動作先保持全身大小關節外撐裡裹，全成鈍三角。在這個時候，力量欲膨脹又收斂，渾身都起了螺旋，連腿下也是如此。這時一碰上就出去，像過電一樣。先是渾身都成鈍三角，一變方向渾身就「膨」的一下起了螺旋的力量。

不動的轉移：

動作的轉移，隨機而動變化無方。這種動是本能的動，不是形式上的美觀，而是實用合適。比如，手觸熱鐵立即縮回不容思考，不意絆了一跤而能站住未倒，都是本能反射，越不動轉移的就越快。一般人不會動，如果會動的轉移那就更好。靜若處女，動若脫韁之馬迅雷不及掩耳。靜如書生，動若雷霆，神意含蓄、力似驚蛇，力之強弱須當體察作出無窮的辯證來就都有了。

面積虛實：

沒有平的面積，這不是固定的，但裡邊肌肉好似盤子裡滾珠沒有停留的時候。

身鬆意緊：

突然受到刺激是神動，考慮怎麼辦是意動。神是本能

反應，意加上了主觀能動作用。

神鬆：使全身肌肉至毛髮都放鬆，利於氣血運行。

意緊：以意領氣，意緊則氣血運行就更快了。

形曲力直：

形不曲則力不直，就沒有勁了，成了直面積，前後左右就沒有了呼應。形曲則前後、左右、上下都有力量，想到哪兒去都行，一直力就出了尖，就破體了，想用力量直了四周都沒用，這點用不上就完全瓦解了。形曲則力沒有方向，四周全能用上，畫一塊石頭，圓了就不行，一定要曲曲折折不許有平面積，有平則無力（絕對了）起伏、升降、進退、吞吐，把虛實大意形容出來了。

所謂力直是各方面都有力量，也可以說力圓。

直去也是旋繞著去，有波浪地去，但外形不露旋繞一條有直的力量。旋繞和直是矛盾統一體，做得時候都用具體的東西，沒有力氣也不行。

剛柔相濟：

剛不是硬，柔不能軟。百鍊之鋼成繞指之柔，才是真剛。柔是真剛，真入骨之柔，是百練之剛。

剛經鍛鍊才是剛，一碰脆了也不是鋼，是生鐵，只能說是硬。剛是鍛鍊出來的。百鍊千錘，令人不可捉摸，才是剛柔相濟。

虛實：

宇宙虛而容萬物，屋室虛而住人。都堆上石頭是實，而什麼用也沒有，無形是虛，有形是實。無形無害，有形有害。無形永久，有形不長。

進退反側：

退時步步為營，含蓄待發。進時：一言其進，統全體而具無抽撤游移之形（岳武穆語）。反側就是斜向一個意思，同樣作用，左右防備。

空氣游泳：

是各方面都有阻力的意思。運用上怎麼增加阻力，怎麼減小阻力和游泳的技術原理一樣。減小阻力的辦法，全在肩胯的扭錯，人巧妙不巧妙，靈活不靈活，全在肩胯上，唯肩胯動，腰才能動。

隨讓隨牽：

你手按上隨著就牽走了，重心放在我身上，要摔一摔就出去了，隨讓之中有個截。

半讓半隨：

是積極地力量，也是讓也是隨，半讓半隨力氣就要發作了。

推拉互用：

一切都是推抗、拉攏互用，沒有絕對的力量。

旋繞撐擰：

這個力量好，看著旋繞實際上是撐擰、往後拉、朝回縮（如叉子似的），前後左右橫撐力量全是如此。

雙疊：

身動力動精神動，手一動就破體。

迎隨緊隨：

這個作用不大。發作時行，積極上引，迎著隨著要緊，鬆了就不行，不是這個東西了。

單雙輕重：

與控制平衡裡頭東西多，精神意思總應著，有形就完了，控制平衡是根本沒有平衡。要控制平衡，單雙重與控制平衡二字連帶關係：單雙鬆緊、虛實輕重都是單雙重的東西。控制平衡就是根據這個來的。

力量運用總名

渾元爭力	大力呼應	渾噩逆體	動靜互根
斜面三角	槓桿滑車	遒放統一	有無互用
順力逆行	鉤銼刀叉	斜正同一	多面螺旋
面積虛實	不動轉移	神鬆意緊	形曲力直
剛柔相濟	無形神似	起頓吞吐	伸縮抑揚
進退反側	推拉互用	擰捲惰漲	撐抱悠揚
縱橫高低	開合分閉	單雙輕重	遠近短長
提按抗橫	撐擰旋繞	滾錯雙疊	翻擰裹揚
半讓半隨	隨讓隨牽	截讓截迎	控制平衡
空氣游泳	鄒頭拷釘	鑽捉搜索	蓄彈驚炸
沉托提縱	舉抗推旋	摟劈鑽刺	迎隨緊隨

歌 訣

直取旋繞力橫撐，眼底手腕都留痕，
矛盾錯綜來統一，精神槓桿要長伸。

拳學顧至精	運用在虛空	靈機自內變	力由靜處生
身動似猿捷	踏步若貓輕	勿忘勿助長	久久自登峰
身動揮浪舞	意力水面行	游龍與鶴戲	含笑似蛇驚

肌肉含動力　神存骨稜中　風雲吐華月　豪氣貫日虹
拳道極微細　勿以小道觀　開闢首重武　學術始於此
當代多失傳　荒唐無邊際　拳道基服膺　無長不匯集
切志倡拳學　欲復故元始　銘心究理性　技擊乃次之
要知拳真髓　首由站樁起　意在懸空間　體認學試力
百骸撐均衡　曲折有面積　彷彿起雲端　呼吸靜長細
舒適更悠揚　形象若瘋痴　絕緣摒雜念　斂神聽微雨
滿身空靈意　不空沾毫羽　有形似流水　無形如大氣
神綿覺如醉　悠然水中宿　默對向天空　虛靈須定意
洪爐大冶身　陶熔物不計　精機自內變　自然聽靜噓
守靜如處女　動似蜇龍迷　力鬆意須緊　毛髮勢如戟
筋肉慾逎放　支點如滾絲　螺旋力無形　遍體彈簧似
關節若機輪　揣摩意中力　筋肉似驚蛇　履步風捲席
縱橫起巨波　若鯨游旋勢　頂上力空靈　身如繩吊繫
兩目神凝斂　聽內耳外閉　小腹應常圓　胸間微含蓄
指端力透電　骨節鋒稜起　神活愈猿捷　足踏貓距似
一觸即爆發　炸力無斷續　學者莫好奇　平易生天趣
神動如山飛　運力如海溢　返嬰尋天籟　軀柔似童浴
勿忘勿助長　升堂漸入室　如或論應敵　拳道微末技
首先力均整　樞紐不偏倚　動靜互為根　精神多暗示
路線踏重心　鬆緊不滑滯　旋轉謹穩准　鈎錯互用宜
利鈍智或愚　切審對方意　捲曲忽就伸　虛靈自轉移
蓄力如弓滿　看敵似電急　鷹膽虎視威　足腕如蹬泥
鶻落似龍潛　渾身盡爭力　蓄意肯忍狠　膽大心要細
劈纏躦裹橫　接觸揣時機　習之若恆久　不期自然至

變化形無形　周旋意無意　叱咤走風雲　包羅小天地
若從跡象比　老莊與佛釋　班馬古文章　右軍鍾張字
大李王維畫　玄妙頗相似　造詣何能爾　善養吾浩氣
總之盡抽象　精神須實際

〔 附 錄 五 〕

樁功與四行

王薌齋

前言

站樁是大成拳的基本功。持樁之法有行站坐臥之分，持樁之目的是為了培育內勁。內勁培育至何種程度始為有得，須有其檢驗依據。本文即擬將持樁之效果。以扼要論述，供同好參考。

內勁能爆發為外力始能收到練拳之真實益處，善拳者力之奮也。四形為內勁爆發為外力之最適當的形式，故在論述持樁效果同時，文中亦將四形加以簡單說明。

大成拳為一種特殊拳學。既謂之學，自應有其理論根據。關於力學理論根據，我曾在別處有所論述，此處茲不贅述。欲使學者明瞭大成拳之學術淵源，對其哲理之依據似有加以論述之必要。

此文原係《大成拳論》之一部分。當時欲試從我習拳諸生是否確有真實體識，故在出示《大成拳論》時將這一部分抽出，非我自私，實不願嚼飯混人，知我者謂我心慮，不知我者謂我何求？

王薌齋 一九五九年冬於天津寓所

論樁功之境界

持樁需經歷三種境界，體認有得，方為功夫。所謂境界，即持樁時所有之心理狀態與生理狀態也。蓋心理作用於生理，生理作用於心理交相輝映也。

清末學者王國維先生嘗謂，凡成事者皆須經歷三種境界：

一曰衣帶漸寬終不悔，為伊消得人憔悴。

二曰昨夜西風凋碧樹，獨上高樓，望盡天涯路。

三曰眾裡尋他千百度，驀然回首，那人卻在燈火闌珊處。

習拳亦應如是。

樁功之第一境界，從心理上講謂之不悔。學者需堅信不疑，有百牛輓之不動決心。從生理上講堅持百日即有感覺。堅持三四年，即覺四肢膨脹，手足發熱，有灌鉛之感。四肢陰面有感覺較易且快，其陽面有感覺則較難且慢。四肢之陰陽面皆須有灌鉛膨脹之感，方為有得，臻此境界始可學功。

樁功之第二境界，從心理上講謂之望盡天涯路，此際須信天下拳道之妙，唯我自爾獨尊，而他家所無也。從生理上講持樁至五六年即覺兩耳膨脹，眉鼻梁覺如有物在內鼓動，頸項挺拔猶如頂上有大繩吊引，頭皮發脹，鬚髮飛漲，覺有大石壓頂之感。此即持樁時壯舉直頂豎之功也。同時上肢之感覺漸漸蔓延至臀部及小腹。至此四肢之感有日增焉。臻此境界，即覺天趣盎然矣，然所發之力還非源

自腰脊而是梢節機械之力也。

椿功之第三境界，從心理上講謂之回首，此明本能活力如蛇。神莊意靜，彈指揮手，無非天籟。回過頭來再看，十年來所操各法，皆如敝履，理應棄之溝壑而不異初步所練即為正果。

從生理上講堅持十年左右即覺腰脊有膨脹之感。此種感覺直達各穀道臊根，覺體不息如鑄，身如鉛灌，肌肉如一，行走似趟泥，抬手鋒稜起，身動如挾浪，腰脊板似牛。臻此境界，動則自有奇趣橫生之感，所發之力始能均整，至此技擊之資備矣。

以上所談之年限，皆係我自身體識所得。在於學者或可略長，或可略短，均在於個人天賦與功力然耳。曾文正公曾謂成就事業天資僅作三分，而勤奮則佔七分，此非虛語也，學者勉之。

持椿雖日久，但見效不著，須求之於己身，若不是姿勢不正確，或既是心理起副作用於生理，或既生理起作用於心理，總之必有問題，當求證於高明，莫自以為是，切要！切要！

又持椿切忌死持一式，各式須交替輪流，每日如此。同時又須有站臥之分，站式與臥式尤須堅持。如是始有調配生理機能之作用。

各式椿法雖皆可培育內勁，但各式之效應不同（故以椿功治病，才因人設式）若死持一式，從技擊角度看則為偏頗，學者慎之！每日之中持椿時間以一小時至一個半小時為宜。每日持椿之時間應佔練功總時間的三分之二，以

三分之一做試力，就我之經驗而論，如此為宜。蓋樁功為大成拳基本功之故也。

論四形

持樁而達於體整如鑄、身如鉛灌、肌肉如一、毛髮如戟之境界，始可言拳。拳者何？拳者力之奮也，非局部方法之謂。昔日我曾有一首題為「舞相」的詩：

身動揮浪舞　意力水面行　游龍白鶴戲　迂徊似蛇驚
肌肉含勁力　神存骨起稜　風雲吐華月　豪氣貫長虹

詩中所說揮浪、游龍、白鶴、驚蛇皆拳式也。此拳式的舞蹈，亦即所謂健舞或武舞。在隋唐時氏健舞甚成為盛，為當時之養生術與技擊之法。不僅武夫操之，即使文人學士亦多習之，後多失傳。近世拳學家黃慕樵先生本多年參拳之體會，並揣敦煌唐人壁畫之中人物與陶俑之舞姿，始將健舞之幾個姿態式仿出，此代之際，我南遊至淮南，得遇黃慕樵先生，遂得其傳，乃約略得其健舞之真意，我不敢自秘，曾再傳於從我習拳者，然其中能得健舞之妙者僅十餘人耳。

習健舞之先決條件則須達於四如境界，即能整體如鑄、身如灌鉛、肌肉如一、毛髮如戟，否則難出舞相，舞起來豈不是搖擺四肢而已。我過去嘗謂勁營自體內，力奮形骸外。持樁而達於四如境界則內勁具矣，然如何將此種內勁爆發出來而成外力，以收技擊效應，四形則為最適當

之形式也。

　　四形舞法依形曲力直之法則。習時須永設一假想之敵，對之蓄勢搏鬥。手指腕擰，指變爪攝，不論手起舞或單或雙，指端永遠指向對方口鼻，須用最大能力控制對方之中線，給敵造成威脅。控制對方中線亦即保持己方之中線不受侵犯矣。不僅掌之食指、中指、無名指、小指皆指敵，既拇指亦須彎曲蓄勢與其它四指同指一方向。此種掌法與所謂內功拳如太極拳，外功拳如少林之掌法根本不相同，此即手指爪攝之意也。

　　欲手指爪攝則腕不許上拱，不許下塌，不拱不塌故運行時必擰腕始能圓活制敵，具有鈎錯斂抗之妙。十指不許僵直，皆須曲蓄，指要分，掌要凹，運行時指端可有透電之感，此即指彎腕擰之妙也。兩臂運行時永不許失去裏捲撐抱之力，椿內蚊蠅不落。雙足進退永不許失去刀叉分刺之能，步法寸步不讓。肩要撐、肘要橫，兩臂始有裏捲撐抱之力。襠要坐，膝要縱，坐襠縱膝始有力，方有刀叉分刺之能。與對方交接我無執令彼亦無執，其決竅要在肩胯之扭錯。而肩胯之靈活扭錯又須以腰脊為動力，故習時腰脊須搖旋如軸，如是始能以無執而破有執也。

　　雙足運行如在泥雪中求動，兩足重量三七互換，腳無定位，身無定勢，或以後步變前步，或以前步變後步，前後交替，虛實互演以步法奪敵之位。運行起來隨意走，手底留痕，覺全身如與物遇，三尖相對，四心相印。若快，快不許飄浮，若慢，慢不許呆像。

　　力之爆發皆在一瞬間，此時如襟人，心毒為上策，力

由意發之故也。手狠方克敵，隨意從之故也。故習時每一動作皆需假借，無假借之動作身體力不篤。習時周身永不許失去體整如鑄、身如鉛灌、肌肉如一、毛髮如戟之感。所謂意不使斷、靈不使散、渾噩一致、不忘不失也。如是舞起來始有妙趣橫生之境界。生理作用於心理，此即健舞養生意義也。

由此看來，大成拳之真功夫非自動中得來，須於不動中求之。故曰不動之動乃生生不已之動也。

練習四形是對內勁的一種定向訓練，使之能隨時隨地爆發為外力以及技擊應付效用，故習進只求舒適與否，不求姿式好壞美觀與否。但姿式確是形之代表，故需求姿態正確，即不違反生理運動力學之規律也。若動則能循力學之規律且不失四如之境界，其大動正確小動亦正確，否則均不正確。

習時還須善於運用人體外力與內勁之間的對立統一規律。須運用的人體外力有四種，分別為人體重力，即重力位能向重力動能之轉化，此即所謂之與地心爭力；地面支撐反作用力，此我所說拔地欲飛；空氣應力，此我所謂之與大氣呼應；技擊時對方之作用力，此我所謂假借之力。這些力我總名之曰宇宙爭力。

人體內力即是處於四如狀態之整體肌肉拉力，此即我謂之渾元爭力。膈膜動力，此我所謂之呼吸彈力，亦為人體內勁之一種。

欲收技擊之真實效用，須使渾元爭力與宇宙力須合拍，作用之妙皆在於呼吸彈力也，故曰吐納靈源合宇宙，

喊聲叱吒走風，因為只要橫膈膜一發緊即錯誤，故學者宜慎之。現再將四形分項說明：

揮 浪

此式乃依形曲力直之法則，須不失四如之境界，具體則為運用伸縮抑揚、沉托提縱之力。蓋人體站立時兩足不動，而軀體與兩臂同時作上下方向相反之波狀運動，即雙臂同時向上揚提而軀體卻往下沉坐，雙臂向下抑探而軀體卻向上伸長，亦即上下對拔拉長，此時人體重位能即轉化為重力動能，全身即有一種波浪力，謂之重力波。

此種重力波正是技擊之所需也。同時上下對拔拉長盪起縱波力，借雙臂左右圓撐之勢，使縱波之中夾帶橫波，如是始有揮浪之舞姿。

運行時，以臂一前一後。若左手在前，則出左足，若右手在前則出右足。雙臂與軀體配合，上下伸縮抑揚對拔拉長，雙手走一橢圓形軌道。左右進退互換無窮。此式之形象猶如龜之游出水面，欲浮而又沉，時沉時浮而挾浪揚波於水面，故此形又名神龜出水。

游 龍

此式仍須依形曲力直之法則，仍須不失四如之境界，然具體則係運用提按撫橫、分閉開合之力，此式這運行與揮浪同，仍需利用重力波以發提按撫橫、分閉開合之力。雙臂與軀體配合上下對拔拉長。所不同者在於雙臂在軀體之兩前以提按開合之勢走橢圓形軌道。須以縱波出提按之

力，以橫波出開合之勢。縱波高低進退互用。其形象若一龍游蒼海，龍即是浪，浪好是龍，龍行浪動，浪動龍行。

揮浪、游龍二式皆係利用重力波以收技擊之效應。故用時需掌握力波之鬆緊。鬆以蓄勁，緊以發力，鬆緊緊鬆無波不浪。波浪主要需有彈力，此種彈力遇物即須爆發為炸力，此即大成拳之蓄彈驚炸也。

習揮浪、游龍二式，又須有仰之則彌高，俯之則彌深之身，對方高來我則高以行之，使有凌空失重，高不可攀之感。對方低來我則低以行之，使有如臨深淵搖搖欲墜愈陷愈深之感受，此即高則揚其身，低則縮其身之法也。

白 鶴

此式仍須依形曲力直之法則，仍須不失四如之境界，然具體則係運用摟劈鑽刺、翻揚裹擰之力。蓋我之整體任一曲蓄部位，當其作用於敵體之某一部位而受阻，或當敵體之某一部位作用於此處，即將發生變形時，我之此一曲蓄部位即產生一種阻力，阻止變形之彈性力，爆發之即為炸力，此種爆發之炸力正是技擊之所需，此即我所謂之蓄彈驚炸。

必須知在我曲蓄部位伸縮自如之限度內，彈性力與我曲蓄部位之伸展量或回縮量成正比。故練習此形時兩臂運行之幅度應大些，以增強爆發力之直射強度。

運行時兩臂交替自外向內畫弧。若高，指端不過頂，若低，指端不過臍，設左臂先起則出左足，右臂先起則出右足。畫弧時，兩手臂須有摟劈鑽刺、翻揚裹擰之力，習

時需根據不同之假想假借，我手臂曲蓄部位所產生之彈性力或翻揚、或裹撐、或摟劈、或拉、或鑽刺，爆發為炸力。此式之妙還在於起腳制敵，若左臂先起的則左腳用勁橫起橫落。起須不高於自已實腳之膝，落時不超於敵胸，提膝、腳落、勁發於手、力出應為一聲，此種落腳之勢並非踢蹬踹踩，實為頓也。只運用爆發力兩臂交替連用，雙足一齊互用，其形象頗似白鶴突圍拔地欲飛也。大成拳之三拳一腳即從此式化出。

驚 蛇

此式仍須依形曲力直之法則，仍須不失四如之境界，然具體則運用提頓吞吐、撐抱悠揚之力。

此式之運行與白鶴同，仍需利用曲蓄部位所出之彈性力而發提頓吞吐、撐抱悠揚之力。

運行時若出左足則起左臂，自內向外畫弧，同時右臂在左臂下自外向內畫弧。

進右足，右臂向外畫弧，同時左臂在右臂下畫弧。運行時根據不同之假想假借，我叫曲蓄之彈性力可以提頓吞吐之形式爆發為炸力，亦為撐抱悠揚之形式爆發為炸力。前後左右互換無窮，其形象宛似驚蛇乍走，左右迂迴刀光閃。所謂三拳（鑽、裹、踐）、三棍（肩頭棍、胸前棍、腦後棍）皆從此式中化出，厲害無比也。

白鶴、驚蛇二式皆係利彈性以得技擊之效應。故習時需掌握回縮量與伸展量，回以蓄勁，伸以發力。

將欲伸之，則必回之，將欲回之，則必伸之，回伸須

致用，遍體似彈簧。此種彈力遇物即須爆發為炸力。故白鶴、驚蛇二式亦係蓄彈驚炸之運用也。

習白鶴、驚蛇二式又須知白鶴能制橫，驚蛇可夾縱。對方齊出，我則裏其力，使之旋轉而拔根；對方獨進，我則放其勢，令彼力盡而前俯。此即橫則裏其力，縱則放其勢之法也。

論大成拳之哲理根據

關於大成拳之哲理根據，我不想多用筆墨，只以哲學命題之形式提出，彼此對照，自不難看出大成拳之真正面貌也。

一、莊子曰：「物物者非物。」意即使物質成為物質的，並非物質。大成拳主張一切力量都是精神之集合，亦可謂力者非力也。換言之，使力成為力者並非力，乃精神也、意念也，此即大成拳拳所以曾名為意拳之實質所在。

二、老子曰：「無為而無不為。」大成拳則主張有為之為出於無為，不動之動乃生生不已之動。所謂無為與不動，在大成拳則為樁功，所謂有為與動則為試力與發力。大成拳重視樁功，故亦係無為之義。昔日有人贈言大成拳拳是古道家之靜功，此非貶詞也。

三、老子曰：「反者道之動。」大成拳則主張力生有兩，兩者能一，即作用力與反作用力之對立統一。所謂矛盾錯綜須統一也。

四、佛門禪宗有云：「萬法皆空，即為實相。」又云：「不思善，不思惡，還我父母未生時之面目來。」父

母未生時之面目即空也、無也。大成拳則主張各項力量都由渾元廓大空洞無我產生出來，因此教人虛無求切實，運用在虛空。

五、禪宗又云：「無法無執。」大成拳則又主張一法不立，無執破執。技擊時我無執令對方亦無執。不僅抗勁用力為有執，使用招術方法亦有執。以無執破有執，破執而無執也。

六、明學者王守仁提出致良知之說，大成拳則主張發揮良能之論。王守仁說：「實如水流濕，火就燥。」其勢然也。

由此看來我關於《大成拳論》中所說大成拳似與老莊佛釋一切學理名稱謹似，實非欺世盜名之說也。在大成拳論里我所以用畫龍點睛之法道破大成拳哲理，實欲告訴學者一個真理，習大成拳而不接受其哲理，則無異按石卵而盼司晨，終無所成。學者不可不明此道理。

NOTE

NOTE

國家圖書館出版品預行編目資料

中華意拳奧秘 / 劉駿濤 著.——初版，
——臺北市，大展出版社有限公司，2022 [民 111.07]
　　面；21公分—（形意・大成拳系列；14）
　　ISBN　978-986-346-371-9 (平裝)-
　　1.CST: 拳術　　2.CST: 中國
528.972　　　　　　　　　　　　　　　　111006849

中華意拳奧秘

著　　者／劉　駿　濤
責任編輯／艾　瑞　克
發 行 人／蔡　森　明
出 版 者／大展出版社有限公司
社　　址／臺北市北投區（石牌）致遠一路 2 段 12 巷 1 號
電　　話／（02）28236031，28236033，28233123
傳　　真／（02）28272069
郵政劃撥／01669551
網　　址／www.dah-jaan.com.tw
E-mail／service@dah-jaan.com.tw
登 記 證／局版臺業字第 2171 號
承 印 者／傳興印刷有限公司
裝　　訂／佳昇興業有限公司
排 版 者／Eric視覺工作
初版 1 刷／2022 年（民 111）7月

定價／300元

大展好書　好書大展
品嘗好書　冠群可期

大展好書　好書大展

品嘗好書　冠群可期